Die Sagen von Loki-Luzifer
*
Die vier Elemente-Riesen
des germanischen Mythos

Karl Weinhold

Sonderausgabe Nr.: 15

AF206298

Mein Dank geht an Peter Windsheimer für das Design des Titelbildes. Des Weiteren an Ariane und Michael Sauter.

Für Schäden, die durch falsches Herangehen an die Übungen an Körper, Seele und Geist entstehen könnten, übernehmen Verlag und Autor keine Haftung.

Copyright © 2018 by Christof Uiberreiter Verlag
Waltrop • Germany

Herstellung und Verlag:
BoD – Books on Demand, Norderstedt
ISBN: 9783746094526

Die Sagen von Loki-Luzifer
Karl Weinhold

Wir haben es uns zur Aufgabe gemacht, dieses alte Buch von Karl Weinhold mit mehreren verschiedenen Edda-Ausgaben zu überarbeiten, um auf des Pudels Kern zu kommen, damit der/die Leser/in die Reinheit über den Gott Loki in seiner vollkommenen Größe erfahren kann.

*

Die Mythenlehre ist der erste Teil der Religionsgeschichte der Menschheit, während in den späteren Religionen der Verstand sich über das Verhältnis des Menschen zur Welt und Gottheit ins Klare zu bringen suchte und das Gemüt aber wenig zur Lösung des großen Rätsels herbeirief, ist die Reinheit der Phantasie die Hauptmacht bei der Bildung der Mythen. Sie spiegelt die empfangenen Anschauungen als Göttergestalten in den Runen wider, die daher auch das Wilde, Üppige und Überraschende ihres Schöpfer haben. Solche Gestalten können sich indessen nur so lange halten, als die fantasievollen Mythen des Volke ihnen entspricht. Sobald diese verblasst und die Anschauung der verständigen Betrachtung weicht, treten andere Göttergestalten hervor und jene verschwinden wie ein Regenbogen oder stehen bleich und matt im Hintergrunde.

Die Quelle, aus der die Phantasie ihren Lebensbaum besprengt, ist die elementare Natur. Daher sind die ältesten Gottheiten Verkörperungen der gewaltigsten Naturmächte und in den frühesten Mythen glänzt jene wunderbare Fülle, welche die jugendliche Erde schmückt. Das Leben überflutete die Phantasie und riss sie übermächtig mit sich fort, so dass sie nur das Rauschen der Wogen hörte, nur die dunklen Wälder mit den sturmbewegten Wipfeln sah, und Wolken, Blitz und Sturm, wie die Schatten einer nächtlichen Jagd an ihr vorüberzogen. Nur das fühlte sie deutlich und gewaltig, dass das Leben in einander übergeht, und dass alles miteinander verbunden sei.

Als sie nun in diesem Gefühle jenen wundersamen Anschauungen die äußere Erscheinung gaben, war es nur die gewaltige Gestalt des einen Ur-Menschen, der die Welt strahlte, in die Gottheit des Lebens. Doch wie hätte sich die drängende Schöpfungskraft mit der einen Gestalt zufrieden gegeben? Als der Eindruck des großen Ganzen verbleichte und das Leben auch in dem Einzelnen mächtig vor das Auge der Fantasie trat, schuf sie ihre Göttergestalten weiter; der eine konnte die Gewalt über die dreigeteilte

3

Welt nicht behaupten, sondern musste als Dreiherr seine Herrschaft mit zwei anderen Gottheiten teilen. Und wie nun eine Naturmacht nach der andern sich zu eigener Gestalt löste und aus der Tiefe ein Gott nach dem andern sich erhob, war das Reich der Drei weiter vergeben und jene reiche und bunte Götterstaat entstand.

Die Mythen durchleben eine innere Geschichte. Elementare Gottheiten sind die ältesten, aber nicht die einzigen. Die geistigen und sittlichen Mächte treten ein und erheben den Anspruch auf Gleichstellung mit den Mächten der Natur. Indessen ermangeln sie, aus der Abstraktion entwachsen, der physischen Zeugungskraft und müssen sich deshalb fast sämtlich bereits vorhandene Naturgötter zu Trägern wählen. So werden die Wassergötter die Hüter der Weisheit und Sprecher des Schicksals, der Luftgott spendet die Gabe der Dichtkunst, der Feuergott wird Geist der Vernichtung.

Es ist ein unruhiges Treiben und Drängen in den mythischen Mächten, fast wie es in den Völkern war zur Zeit jener großen Wanderzüge am Anfange unsrer Zeitrechnung. Götter kommen und gehen, Geschlechter verschlingen Geschlechter, und je näher sie der Sonne unsrer Tage kommen, um so blasser wird das göttliche Zeichen an ihnen und um so mehr legen es ganz ab und tauschen es gegen das Heldenschwert und den goldenen Königsreif ein. Das ist auch vor allem zu beachten, dass sich jene großen Sagenmassen nicht aus einem Stamme erhoben, sondern aus dem zusammenstoßen des Glaubens vieler Völker und Zeiten entstanden. Die Politik wirkte mit bei der Bildung der Systeme und Götterkreise, deren sämtliche Gestalten wohl in keinem heidnischen Herz einen Platz gehabt hätten, sondern aus denen der einzelne nach seinen Bedürfnissen und der Erfahrung in tiefem inneren Triebe sich seinen großen Gott auswählte.

Ich wage mich nur mit zögerndem Schritte auf den Boden der mythologischen Untersuchungen, denn er ist glatt und schlüpfrig und mehr als einer brach sich Hals und Bein. Dichterischer Sinn und verständige Mäßigung sind ein notwendiges Reisegepäck, dazu das lebendige Bewusstsein, dass die Erzeugnisse verschiedener Zeiten uns vorliegen, die mit historischer Kritik zu behandeln sind. Ein einseitiger Standpunkt wirft dem Mythologen sogleich den Knüppel zwischen die Beine; er muss die Sagen mit durchleben, die ganze innere Krisis der Vorzeit mit durchringen, sich hineinfühlen, will er der Gewissheit nahekommen, dass er die Mythen richtig erkannt hat. Ich kenne wenigstens die Schwierigkeiten des Weges, die bei der germanischen Mythologie noch durch die eigentümliche Dürftigkeit unserer Quellen vermehrt werden.

Was soll ich erst von den Zeugnissen des Heidentums in Deutschland sagen? Sie sind in der Art, dass für den Mann, der trotz allem aus ihnen den schönen Bau der deutschen Mythologie schuf, der größte Ruhm sich erst dadurch auftut. Ich denke hier nur an die nordischen Quellen, die gegen alle mächtigen Ströme sind. Aber wie jung sind sie, wie dürftig auch, gilt es in die ältesten Zeiten des Glaubens hinabzudringen. Sind nicht mit geringer Ausnahme gerade die mythischen Lieder der Edda jünger als die andern und tragen sie nicht alle Mängel, welche der Mythos durch die später deutenden Bearbeiter erleidet? Fast nur einzelne Worte haben sich aus jener ältesten Zeit gerettet, verstreute Bemerkungen von den dichtenden Skalden sparsam hingeworfen, aus denen wir das Bild der früheren Gottesanschauung wie Mosaikarbeiter zusammenlesen müssen. Für die spätere Zeit allerdings sind wir reichlicher gerüstet, allein auch hier ist Vorsicht nötig und der kritische Verstand darf uns nie entgleiten.

Ich habe aus der Reihe der nordischen Götter einen herausgriffen, den ich durch eine genauere Untersuchung als er bisher erfuhr zu Ehren bringen will; es ist der übelberufene Loki, an dem sich die Notwendigkeit des historischen Verfahrens auf das Augenscheinlichste dartun wird. Indem Loki in das Geflecht der gesamten germanischen Mythologie verwickelt ist, wird sich zugleich eine Übersicht über den Gang unsrer Götterbildung ergeben und diese und jene Gottheit eine neue und hoffentlich bessere Beleuchtung erhalten.

I. Loki in der Göttersage:

Das älteste Geschlecht unsrer Götter sind die Riesen. Indem sie aus dem Akasha unmittelbar hervorgegangen sind, stellen sie die Naturmächte dar, welche vom Geiste noch nicht beherrscht sind. Sie sind daher voll unbändiger Kraft, wild und roh wie die Brandung des Meeres, das Geheul des Sturmes und die Wüste des Felsgebirges. Die Üppigkeit der Natur hat noch keine Beschränkung gefunden; darum sind ihre Leiber über alles Maß an Kraft, Größe und Zahl der Glieder ausgestattet.

So notwendig solche Gestalten für die ersten Bildungen des Götterbedürfnisses sind, ebenso unabweislich ist ihre Fortentwicklung. Wir sehen demgemäß in der Reihe der Riesen solche, welche sich den späteren oberen Göttern nähern, ohne aber unter sie zu treten, während andere wirklich in den Götterkreis aufgenommen werden. Dass dieselben nebenbei Söhne Odins heißen, wird keinen stören, der die Bildung der *Zwölfzahlen* in den Mythologien kennt und weiß, wie bei der Gestaltung des Systems die Annahme der allgemeinen Vaterschaft die sicherste Bürgschaft für die Oberherrschaft des bevorzugten Gottes sich ergibt.

Die Asen, die Götter, sind keineswegs ein durch gemeinsame Abstammung altverbundener Götterverein, sondern haben sich allmählich aus verschiedenen Mythen zusammengefunden. Der Meergott Niördr und der Fruchtbarkeitsgott Freyr sind Wanen, neben den Asen das ältere der beiden Göttergeschlechter; Ullr, der Wintergott, und Hönir, der schweigende Bruder Odins, sind uralte dunkle Gottheiten, welche durch die jüngeren Baldur (Lichtgott) und Hödr (der blinde Gott) später aus dem Asenkreise verdrängt werden; Bragi, der Gott der Dichtkunst und Forseti, der Gott des Rechts sind Abstraktionen und gehören darum dem jüngsten Zeitraume zu, während der Kriegsgott Tyr, Heimdall (Gott des morgendlichen Sonnen- und Tageslichtes) und der Natur- und Waldgott Vidar dem Riesengeschlechte entsprossen sind. Ja selbst der Wettergott Thor lässt durch manche Züge auf eine Anlehnung an die Riesen schließen; er ist die höchste Ausbildung, deren diese Götterreihe fähig war und liegt darum mit den älteren Mächten des Geschlechtes im Kampfe.

In den Riesen zeigt sich uns bereits eine Menge von göttlichen Wesen; wir wollen sehen, ob sich dieselbe nicht auf eine kleinere Zahl zurückführen lässt. Da finden wir eine Brüder-Dreiheit, welche die Hauptteile der Welt beherrscht: Loki, Ägir, der Herr des Meeres oder Hler (=Meer) und Kari, der Wind, oder Loki, Helblindi (Blinder des Totenreichs) und Bylleystr, die göttlichen Mächte des Feuers, des Wassers und der Luft. Durch ihre Väter bietet sich zugleich der Kern dar, aus welchem zuerst diese drei Stämme und dann die Unzahl von Ästen ersprießen, welche später den mystischen Raum durchdringen. Der eine jener drei Brüder hat aber Anspruch auf den früheren Besitz der ungeteilten Macht seines Vaters und es wird sich erweisen lassen, dass er die drei Elemente in der Tat mit Geist erfüllte und beherrschte: es ist Logi-Loki.

*

Die beiden Geschlechtsreihen Logi und Loki (Plus und Minus), in denen Loki erscheint, stimmen darin überein, dass der Gott von Riesen entsprossen ist, denn auch Farbauti ist ein Jötun, ein Riese; als Sohn Farbautis und der Nal oder Laufey hat Loki den Bylleistr und den Helblindi zu Brüdern, als Forniotrs, sein anderer mythologischer Vaters, den Kari und Hler oder Ägir. Forniotr, für den ich die Deutung J. Grimms als des alten Riesen annehme, gibt durch seinen Namen keinen andern Begriff als den

6

Allgemeinen der uralten Abkunft; vielleicht ist Farbauti, der Ruderer, sein bestimmter Name. Dieser führt uns auf Berggelmir, der sich mit seinem Weibe in einem Nachen allein vom Riesengeschlechte aus der großen Flut rettete, welche nach der Ermordung seines Großvaters Ymir oder Örgelmir, das erste Lebewesen, die Welt heimsuchte. Sie Namen der Mutter Lokis, Nal (=Nadel) und Laufey (=Laubinsel) sind mir dunkel. Die Erklärungen welche Olaf Trygvasonss gibt, dass sie von ihrer Zartheit und Schmiegsamkeit her *Nadel* heißt, sieht sehr gesucht aus und passt wenigstens nicht für die Mutter eines so gewaltigen Naturgottes. Ich wage eine andere Erklärung. Loki wird Sohn der Schlange (Öglis Barn) genannt. Die Schlange könnte in der nordischen Dichtersprache Nadel genannt werden und da sie zugleich das Sinnbild der Fruchtbarkeit (Phallus) ist, wäre sie eine schickliche Benennung der Mutter Lokis in der Bedeutung, die ich für ihn in Anspruch nehmen werde. Die Schlangen und die Frauen scheinen überhaupt von den Germanen häufig verglichen worden zu sein. Das Zaubergewaltige und Schöne verlockte dazu. Indessen kann im Schlangensohn noch ein anderes Abstammungsverhältnis Lokis angedeutet sein; denn es darf uns nicht wundern, dass für uralte Gottheiten die Angaben sowohl über ihre Herkunft als ihre sonstigen geschlechtlichen Verbindungen vielfältig von einander abweichen: Ihr Begriff ist zu vielseitig und die Mythenbildung der ältesten Zeit noch nicht so fest und starr, dass an einer einzigen Bezeichnung jener Verhältnisse genug getan wurde.

Kari und Hler oder Ägir sind andere Namen für Bylleystr und Helblindi. Bylleystr, wie ich für Byleistr, Bileistr, Byleyptr lese, heißt der Sturmhüter, Kari der Rauschende; beiden wird die Herrschaft über den Wind zugeschrieben, dem Meere gebietet Hler oder Ägir oder Helblindi. Der letzte Name, der auf einen Todesgott hinweist, gebührt der Meergottheit, welche alle Ertrunkenen aufnimmt. Odins gleicher Name hängt vermutlich mit seinem Namen Hnikar zusammen.

Der Feuergott ist der dritte Bruder. Der Name Loki ist ein jüngerer und verdankt seine Entstehung dem veränderten Wesen des Gottes.

Älter sind Logi und Lodr (Lohe und Loderfeuer). Ich wage aber noch weiter zu gehen und als ursprünglichen Namen unseres Gottes ein gothisches Auhns, nordisches On, althochdeutsches Ovan aufzustellen. Das Wort, das jetzt nur den Feuerbehälter, den Ofen, bezeichnet, heißt ursprünglich Feuer und ist dem Sanskrit Agni, lat. Ignis, lith. Ugnis stammverwandt. Agni erscheint aber im Veda als lebendiger Gott, dessen

Wesen und Geschichte durchgehend an unsern Loki erinnert. Diese Aufstellung wird mehr für sich gewinnen, wenn man sich dessen erinnert, was Grimm in seiner „Deutschen Mythologie" von der noch fortdauerndem lebendigen Anschauung und Verehrung des Ofens erzählt, worin sich die letzten Spuren des Kultus des uralten Gottes erhalten haben. Als Eigenname zeigt sich das Wort übrigens in den Namen des Herulerkönigs Ochon!

Die strenge Sonderung eines Elementes von den andern vermochte das lebendige Gefühl des Altertums nicht zu begreifen. Es schaute die Elemente als ein Gemeinsames an, wie JHVH, aus dem zuweilen der eine Teil als das vorzugsweise Lebendige und Lebengebende herausragte. Mythologisch wird dies durch Bildung einer Elementargottheit ausgedrückt, welche eine umfassende Macht besaß, ihren Namen aber von dem Elemente erhielt, das den Mythenbildern als das Mächtigste erschien. Feuer, Luft und Wasser sind die drei Grundstoffe; die Götter dieser drei Elemente treten also auf, sobald uns die älteste Trias der Mythologien erscheint: Im griechischen Glauben Zeus, Poseidon, Hephästos, im nordischen Kari, Ägir und Loki. Nach anderer Anschauung tritt an die Stelle der Wassergottheit ein Gestirngott; in dieser Art ist die indische Trias Siva, Brahma, Vischnu – Zerstörer, Schöpfer und Erhalter – und die nordische Loki, Odin, Hönir. Die ursprüngliche Einheit, auf welche diese Dreiheit zurückzuführen ist, äußert sich bei den Völkern verschieden. In den Mythen einiger griechischer Stämme zeigt sich Zeus als der Vereinigende, so in Argos und Ilion, wo ein dreiäugiger Zeus verehrt wurde; bei mehreren hellenischen Küstenvölkern dagegen, namentlich im ionischen Stamme, tritt Poseidon als Götterkönig und Beherrscher alles Naturlebens auf. Dem entspricht, dass nach dem Glauben des germanischen Stammes, welcher die Wannen verehrte, der Meergott Niördr die elementare Macht in sich vereinigt. Anderseits aber wurde der Feuergott als Allumfassender höchster Gott gedacht: Agni sowie Siva hat Macht in Feuer, Luft und Wasser; ebenso der finnische Ilmarinen, und wir werden sehen, dass On-Loki die gleiche Gewalt in sich trug.

I. Die Namen Logi und Lodr erklären, wie unser Gott als die Gottheit des Feuers gedacht wurde. Lodr führt uns auf eine abermalige Vermutung über seine Mutter. In der Geschlechtsreihe der Könige, welche Saxo, ein dänischer Geschichtsschreiber, gibt, erscheint bekanntlich ein Lotherus. Er ist ein Sohn des Dan und der Grytha, die Saxo eine bei den Deutschen hochberühmte Frau nennt. Ich suche in diesem Lotherus, dessen hinterlistiges verbrecherisches Wesen an die spätere Gestalt eines Lodr, den Loki, erinnert, unsern Gott; die Grytha aber halte ich für die Riesin Gridr, welche als Mutter Vidars des Schweigsamen auch sonst bekannt ist. Mich veranlasst außer dem Namen folgendes dazu. Loki hat dem Riesen Geirödr als Lebenslösung versprechen müssen, ihm Thor ohne Hammer und Kraftgürtel in sein Haus zu schaffen. Natürlich wird Thor nicht ohne Weiteres dem Loki zur Erfüllung der inhaltsschweren Zusage die Hand haben reichen wollen, sondern beide sinnen auf eine Umgehung und auf einen Ersatz für die Rüstung. Da hat Gridr einen Kraftgürtel, Eisenhandschuh und Stab, was Aushilfe verspricht, und die beiden Götter kehren bei ihr ein, wo denn Thor die Sachen von ihr geliehen erhielt. Diese Bereitwilligkeit erklärt sich nun sehr leicht, wenn man annimmt, dass sie dadurch ihrem Sohne Loki aus der Verlegenheit helfen will.

Gridr, ihrem Namen nach die Ungestüme, Gewaltige, ein Wesen des Wetters, verrät selbst noch in der entstellten Spiegelung, die ihr in der verwandelten Signy, die Tochter des Wölsung, zuteil wird, ihre frühere Macht. Sie scheint die treibende aufregende Macht der Elemente dargestellt zu haben und ist dadurch ganz geeignet als die Gattin des Urriesen und die Mutter der drei riesischen Elementargötter, im besonderen Logis, aufgefasst zu werden. Dass Agni Sohn der Kraft heißt beruht auf einer gleichen Anschauung.

Überall ist den Menschen das Feuer zuerst als eine wohltätige, belebende und befruchtende Macht erschienen. Es ist der Geist, welcher die tote Masse durchdringt und ordnet. Nach ägyptischer Vorstellung entstand in dem Weltei die Urwärme Phtah, der weltbildende zeugungskräftige Gott, welcher die Bedeutung des Eros und des schmiedende Hephätos in sich vereinigt. Hephästos, dessen Kultus auf ein bedeutendes Altertum zurückweist und der sich wohl unmittelbar an Phtah anlehnt, lässt sich als ein allgemein waltender Gott mit besonderer Beziehung auf die Erde und die unterirdische schöpferische Tätigkeit erkennen. Im Persischen Glauben tritt die hohe Bedeutung des Feuers ganz besonders hervor, so wie im Veda Agni als der Quell alles Gedeihens gepriesen und angefleht wird, als der Gott der Fruchtbarkeit und Reichtum spendet. Nach finnischem Mythos ist es die Zaubermühle des Ilmarinen, die den wunderbaren Schatz alles Glückes zu fertigen versteht.

Den Germanen musste die Auffassung des Feuers als der schöpferischen Kraft nach ihrem Zuge in die nördlichen Gegenden um so lebendiger werden, als sie das Erstarren des Lebens bei dem Mangel der Wärme mehr als hinreichend bemerken konnten; der Feuergott musste ihnen daher als der eigentliche Schöpfer erscheinen. Die Götterlieder Völuspa erzählen von der Bildung des ersten Menschenpaares durch die drei Götter Odin, Hoenir und Loki, wie Odin die Seele, Hoenir den Geist, Lodr aber die Lebenssäfte, die Beweglichkeit und die Schönheit verleiht. Lodr ist also der Spender des physischen Lebens, das psychische und geistige gehört den beiden andern.

Loki erscheint deshalb auch als Gott der Ehen. Ich beziehe wenigstens den Gebrauch des Altertums, bei Vermählungen Feuer und Fackeln anzuzünden, so wie bei neugeborenen Kindern Kerzen anzustecken, auf den Kultus des Feuergottes. Ersteres war ein Bittopfer um Fruchtbarkeit der Ehe, das letztere ein Dankopfer. Wir wissen, dass auch in indischen Ehegebräuchen das Feuer als das Segenverleihende angerufen und dass Agni geradezu als „das Mädchen für Alles" genannt wird.

Die Dürftigkeit unserer Quellen tritt uns in dieser ältesten Zeit sehr hindernd entgegen. Hier und da taucht eine einsame und entstellte Angabe auf, aus der wir das Alte erst herausschälen müssen. Von dieser Art sind die Strophen in Lokaglepsa, welche von der schöpferischen Buhlerei Lokis mit den meisten Göttinnen erzählen.

Der Feuergott als der Geist des reinsten Elementes verlangt ursprünglich auch die Reinheit seiner Diener. In dem Dienste der Vesta, der assyrischen Artemis, des böotischen Herakles, das Gegenbild des Moloch, finden wir dies ausgesprochen, und auch unser Altertum hat diese Ansicht gehegt. Das Notfeuer darf im Halberstädtischen nur durch zwei keusche Knaben hervorgebracht werden, denn die Reinen haben allein Macht über das Element, weshalb auch in schlesischer Redensart als Probe der Unbeflecktheit die Aufgabe gestellt wird, ein eben erloschenes Licht wieder anzupusten. *Unser Logi oder Lodr kann unmöglich als ein ausschweifender und unkeuscher Gott gedacht worden sein, sondern jener Vorwurf ist eine Umkehrung seines ursprünglichen Wesens, wie solche in Loki allseitig vollzogen wurde.* Als Ehegott hat er allerdings zu jenen Göttinnen in einem rein natürlichen Bezug gestanden, und die grobe Entstellung diese Verhältnisses gehört der jüngeren Zeit an, welche den symbolischen Ausdruck einfacher Grundsätze nicht mehr verstand und sie nach ihrer unreinen Auffassung umgestaltete.

Das Lied *Lokaglepsa* führt uns trotz aller Entstellung noch tiefer in das echte Wesen unseres Gottes. Loki muss sich von Odin und Niördr vorwerfen lassen, acht Jahre lang sei er unter der Erde gewesen als milchende Kuh und als Weib, das Kinder gebar. Wir erhalten in diesen

Vorwürfen die sichersten Zeugnisse dafür, dass Loki-Logi als Gottheit der Schöpfung und Fruchtbarkeit galt.

Die Sinnlichkeit des Altertums suchte sich die Grundbegriffe in bildlichem Ausdrucke zu veranschaulichen. Der Begriff der umfassenden, zeugenden und gebärenden Fruchtbarkeit gab sich in der Gottheit kund, indem man sie als Mann und Weib dachte, also entweder hermaphroditisch bildete oder neben den Gott eine Göttin von gleicher Bedeutung stellte. Auf diese Weise erklärt sich die Zweigeschlechtlichkeit in Phtah und Siva, in dem Bakchos Sabazios, in der phallischen Aphrodite und der Venus Barbata, wie in dem germanischen Ur-Riesen Ymir. Aus gleichem Grunde stellen die Perser die Gottheit des Feuers zwiefach, als Mann und als Weib, dar, und der Kleiderwechsel der Geschlechter beim Kultus des Herakles stützt sich auf eine ähnliche Grundanschauung. Der germanische Geist drückte diese Vereinigung beider Kräfte in dem Feuergotte durch einen Mythos aus, nach welchem derselbe eine Zeitlang Mann und eine andere Zeit Weib war. Die acht Jahre des Verharrens als Weib deute ich so, wie die acht Rasten ausgelegt werden, die Thors Hammer unter der Erde verborgen ist. Eine lange Zeit! Sie sind die acht Wintermonate des Nordens, in denen die hervorbringende Macht unter die Erde geflüchtet ist. Sind sie vorüber, dann kehrt sie mit den Kindern, die sie unterdessen gebar, auf die Erde zurück und wandelt sich wieder in die zeugende Kraft des Sommers.

Die Kuhgestalt Lokis ist gleicherweise nichts als die symbolische Darstellung seiner schöpferischen Tätigkeit. Die Kuh galt den Indogermanen als das Bild der Fruchtbarkeit, was in merkwürdiger Weise bereits in dem Worte selbst enthalten ist, indem die indische Form desselben, go, auch Erde und Wolke, also die Schatzhöhlen alles Segens, bedeuten kann. Nach unserer Schöpfungssage leckt bzw. schöpfte die Kuh Audhumbla das erste Wesen aus den Salzsteinen hervor. Indem das Salz die zeugende männliche Kraft ausdrückt, bezeichnet die Sage bildlich die Vereinigung der männlichen und weiblichen Kraft bei der Zeugung. Der Name Audhumbla, die Reichtumfeuchte, gibt zugleich ein treffendes Beiwort sowohl für die Erde als für die Wolke und erinnert an das sanskr. go. Sie stellt sich zu der mythischen Kuh des Inder, der Surabhi, welche alle Fülle in sich vereinigt und die Erfüllung jedes Wunsches zu gewähren vermag. Nach dem Rhaguvansa weilte die Surabhi wie unser kuhgestaltiger Loki in der Unterwelt.

Wir gehen noch weiter. Von Agni wird erzählt, dass seine Nähe besonders günstig auf die Kühe einwirkt. Dasselbe gilt von den Marutas, den

Elementarwesen, die dem Agni eng verbunden sind und sogar die Söhne des Rudra heißen. Wie dem Agni unser Loki, so entsprechen bekanntlich den Marutas unsere elbischen Geister, denn beide stellen die zeugenden Elementarkräfte dar. Unsere Sagen wissen nun ebenfalls von dem besondern Gedeihen zu erzählen, welches den Kühen durch die Hauskobolde zuteil wird; nach einer Sage aus Vorarlberg, die auch sonst höchst merkwürdig ist, erscheinen die Kühe als Opfertiere des Nachtvolkes, also den Elben geweiht; die Hexen, deren Wesen wenigstens nach deutschem Volksglauben durchaus die elbische Grundlage zugesprochen werden muss, sind begierig nach Milch; ja die Elben scheinen sogar zuweilen kuhgestaltig gedacht worden zu sein, wenigstens erzählt eine Sage, dass unter dem Kleide eines Graumännchens ein Pferde- und ein Kuhfuß hervorschaute. Wir sehen also eine enge Verbindung zwischen den Gottheiten der Fruchtbarkeit und den Kühen, mögen nun letztere als Tiere oder als Wolken aufzufassen sein. Diese Verbindung hat sich auch noch in der Volkssprache eine Spur bewahrt, indem das Alp ein schlesisches Schimpfwort ist, das besonders für Kühe gebraucht wird. Durch die Bemerkung, dass Loki auch alfr heißt, werden wir auf unsern kuhgestaltigen Gott der Fruchtbarkeit zurückgeführt und stellen zugleich die Vermutung auf, dass er ursprünglich der Obergott der elbischen Geister war.

Als Beweis könnte der einfache Gedanke genügen, dass die geringeren elementaren Mächte ihren Ausgang und ihre Vereinigung notwendig in dem Gotte der elementaren Schöpfungskraft haben müssen. Demgemäß sehen wir auch, wie schon bemerkt wurde, den Agni in ältester Zeit als Führer und Vater der Marutas. Ebenso treten im ägyptischen Glauben die Kabiren, die chthonische Gottheiten, zuweilen als Söhne des Phtah auf, der in anderer Auffassung, die sich mit der vorigen sehr gut verbinden lässt, selbst neben dem Schöpfergeist Menth-Harseph zu ihnen gehört. Ähnlich ist das Verhältnis in der griechischen Mythologie, wo die lemnischen Kabiren Söhne des Hephästos heißen. Auch die dämonischen Paliken der ätnäischen Mythologie leiten sich durch Thaleia, eine Tochter des Hephäst, von diesem ab. Bei der Erniedrigung und Verdrängung einer Gottheit müssen die untern Wesen, die ihr verbunden waren, natürlich den Göttern zufallen, welche jene ersetzen und sich ihre Macht teilen. Demgemäß sehen wir die Marutas, doch wohl in späterer Zeit, dem Indra verbunden und als seine Helfer unter andern bei der Tötung des Drachen Vritra, welche dem Agni zugeschrieben wird. Unsere Elben aber, die wir als Begleiter und Verbündete des Donar und Wotan sehen, die aber, wie jene Analogien neben dem oben erwähnten Loki alfr und seiner Beziehung zu den Kühen beweisen, anfänglich zu Logi gehörten, gehen von ihm auf den Donnergott über, der durch seine ordnende und segnende Kraft wohl zu ihrem Führer befähigt war. Im Begleitschaft Wotans erscheinen sie fast nur als Sturmgeister; ihr Wesen ist hier also bereits geschwächt und dieser Gott mag ihr jüngster Führer sein.

Es ist ein beachtenswertes Zeugnis für das hohe Alter Logis, dass seine Verbindung mit den elbischen Geistern in diesem Grade verdunkelt ist. Man sollte erwarten, dass wenigstens die Erd- und Feuergeister, also die Zwerge und Kobolde, sich deutlicher um ihn sammelten. Im Altertum finden wir eine einzige Spur davon, nämlich die Erzählung, wie er den Schaden an Sifs Haar büßt. Loki soll das schöne Haar der Erdgöttin, das er abgeschnitten hat, ersetzen. Darum fährt er zu den Zwergen, den Söhnen Ivaldis, und lässt drei kostbare Sachen fertigen; für Sif goldenes Haar, für Odin den Speer Gungnir und für Freyr das Schiff Skidbladnir. Diese drei Dinge zeigen den Gott in seiner alten Dreiherrschaft: das goldene Haar, die reifen Halme, sind ein Zeichen seiner Bedeutung als Erdgott, der Geer (Speer), Odins Blitz, bekundet seine Gewalt über Luft und Feuer, das Schiff zeigt ihn als Wassergott. Die Zwerge, die Söhne des Ivaldi, des Innenwaltenden, unterirdischen Schöpfergottes sind ihm untertan; wahrscheinlich ist Ivaldi ein Beiname Lokis und er zeigt sich demnach als Schmiedegott wie Hephästos und Ilmarinen. Ich nehme nun auch keinen Anstand, die Verse der Völuspa, welche die bildnerische Tätigkeit der Götter als ein Schmieden darstellen, näher auf Loki-Logi und die ihm zunächst verbundenen Gottheiten zu beziehen.

Einen Rest des Kultus Lodrs als des ordnenden und schaffenden Gottes finde ich in dem nordischen Rechtsgebrauch Land mittels Feueranzündung in Besitz zu nehmen. Die Sitte, das Feuer um die Marken zu tragen, vergleicht sich der Umkreisung von Götterbildern um die Fluren. Die Ungeordnetheit und das Widerstreben der chaotischen Macht wird durch das Symbol des weltordnenden Gottes gebrochen und das Land demselben in seinen Schutz und Segen übergeben. Uns sind zwei nordische Sagen überliefert, welche trotz ihrer späten Aufzeichnung noch deutlich genug verraten, dass sie Bruchstücke aus dem kosmogonischen Sagenkreise Logis sind. In der Sage von Thorstein Vikingsson heißt es, Logi oder Halogi, Forniots Sohn, habe mit seiner Frau Glod zwei Töchter, Eysa und Eymiria, gehabt, welche die Wesen Veseti und Vifil auf wüste Inseln entführten, wodurch dieselben bewohnbar wurden. In dieser Sage lesen wir noch die älteste Mythensprache. Durch Logi und Glod, die Glut, entstehen als Töchter Asche und Glutasche, welche die Hand des Herdstifters und Gründers des Hausstandes in die Öde trägt, wodurch sich der geordnete Lebenszustand entwickelt. Logi erscheint demnach als das Feuer des häuslichen Herdes, auf dem noch heute seine Holden, die Kobolde, den Sitz haben und auf den ihnen als Opfergaben Wasser und Brei hingestellt wird.

Wir haben ferner in der jüngeren Edda einen Knäuel Sagen, die sich an die Fahrt Thors zu Utgardaloki knüpfen. Weiterhin müssen wir genauer darauf zurückkommen; hier liegt uns allein daran, den Begleiter Thors, Thialfi, herauszuwinden.

Es ist auffallend, dass an der Stelle Lokis als Begleiter und Diener Thors in einigen Mythen der junge Thialfi erscheint, der Sohn eines Bauern. Er fiel mit seiner Schwester Röskva dem Gotte als Buße dafür zu, dass er bei dem Male, das Thor in der Hütte von Thialfis Vater aus seinen Böcken bereitete, dem Gelüste nicht widerstand und trotz des Verbotes den Schenkelknochen eines Bockes zerbrach, weshalb dieser, als ihn Thor wiederbelebt hat, hinkt. Dies soll aber Loki als Dieb des Riesenbockes veranlasst haben. Wir müssen also annehmen, dass Loki entweder dem Thialfi den Rat gab, den Knochen zu zerbrechen oder dass er mit Thialfi ursprünglich zusammen fällt. Ich nehme letzteres an.

In dem Anhang zum Gesetzesbuch Gutalag wird erzählt, dass Gutland im Anfang ganz lichtlos war, so dass es des Tages untersank und des Nachts oben war, bis Thielvar Feuer auf das Land brachte: seitdem ist Gutland bewohnbar. Wer erinnert sich hier nicht der Sage von Logis beiden Töchtern! Thielvar erscheint ganz wie Logi, er ist aber, wie F. Magnussen und L. Uhland bereits angenommen haben, derselbe wie Thialfi, und dieser ist ein Luftwesen, wie nicht nur sein Beiname der Rascheste sondern auch sein Wettlauf mit Hugi, dem Gedanken, beweist. Thialfi scheint mir ein Beiname Lokis, des Feuer- und Luftgottes, gewesen zu sein, der sich allmählich von dem Gotte loslöste und, wie dies in den Mythologien häufig geschieht, eine eigene Gestalt zum Träger erhielt: der Grund davon ist in dem mehr und mehr ausgebildeten negativen Wesen Lokis zu suchen, wodurch er zum Begleiter des positiven, ordnenden und aufbauenden Donnergottes ganz unfähig wird. Seine zeugende und belebende Macht flüchtete sich in Thialfi, der von Uhland sehr schön als der Geist des Anbaus gedeutet ist, weshalb er auch Sohn des Bauern heißt.

Wir kehren nunmehr mit Beute aus der jüngeren Zeit in das ältere Gebiet zurück. Der Gott, welcher in der Flamme als Licht und Wärme die Massen durchdringt, der sich neben seiner zeugenden Kraft durch seine Weibes- und Kuhgestalt auch als die Empfangende und Gebärende bekundet, der mit den elementaren Untermächten im Bunde steht, ein Sohn der treibenden Kraft, muss eine bedeutende Stelle, wenn nicht die bedeutendste in dem ältesten Glauben unseres Volkes eingenommen haben. Als Feuergott ist er zugleich ein Zeugnis dafür, dass die germanischen Stämme, welche ihn verehrten, eine vulkanische Weltbildung annahmen. Diese Ansicht scheint nicht allgemein gewesen zu sein, denn in dem Glauben an die Wanen offenbart sich die Vorstellung einer neptunischen Erdbildung. Beide Theorien geraten in Kampf, was sich mythologisch in den Kämpfen Lokis und Heimdalls ausgedrückt findet, worüber ich weiterhin berichten werde.

2. Der Gegensatz der Ansichten von der Entstehung der Welt aus Feuer oder aus Wasser schließt indessen nicht die Möglichkeit aus, dass die Hauptgottheiten beider Seiten nicht auch die Herrschaft über das entgegengesetzte Element hätten. Als Urgötter müssen sie sogar die Macht in allen Teilen der Welt haben, wofür die Zeugnisse in der erwähnten Dreiherrschaft des Zeus, Agni und Niördr bereits gegeben sind.

Logi ist auch Wassergott. Sein ältester Name in dieser Eigenschaft scheint sich uns zu entziehen; ich fürchte aber keinen Fehlgriff zu tun, wenn ich Fenrir als solchen aufstelle. Bekanntlich ist der Fenrisulfr, Lokis Sohn. Das Wort Fenrir ist von altn, fen, goth. fani abgeleitet und bedeutet einen Mann, ein Wesen des Sumpfes oder des Meeres.

Der Fenriswolf erscheint als ein gefährliches Ungeheuer, denn er ist der Geist der dunklen Meerestiefe, welche den Lichtwesen in der Sage von Tyr eines Teils ihrer Kraft beraubt oder sie durch Odins Untergang durch den Wolf ganz vernichtet. Das Feindliche in ihm erwächst also aus einer Naturgrundlage, wie dies auch bei Loki selbst der Fall ist. Fenriswolf und die Weltschlange sind Geschwister, beide also Ausflüsse desselben Urwesens und doppelte Darstellung einer und derselben Naturmacht. Die Weltschlange ist der Ring des Meeres, der die Erde umschließt. Dass sie ein Abkömmling Lokis ist, beweist aufs Deutlichste, wie unser Gott als die Quelle der elementaren Erscheinungen und damit auch als Meergott gefasst wurde. Die ethische Bedeutung, die sie in den Kämpfen gegen Thor an sich trägt, ist der Weltschlange anfänglich ebenso wie dem Wolfe fremd; darum halte ich auch den Namen der Mutter dieser Wesen, Angrboda, Angstbotin und Sorgenbringerin, erst für einen späteren.

Wenn die Bemerkungen über das älteste Wesen der Feuergötter richtig waren, so müssen sich auch die Verbindungen, der dem Logi entsprechenden Gottheiten, mit dem Wasser nachweisen lassen. So wie Loki die genannten zwei Meerungetüme erzeugt, haben auch Agni und Hephäst nachkommen im Wasser. Agni heißt auch „Erzeuger vieler Wasser"; bei ihm ist also die Mythensprache noch einfacher. Dagegen werden dem Hephästos bestimmte Wassergottheiten als Kinder beigesellt, wie die drei lemnischen Nymphen, die auf Lemnos und in Korinth hohe Verehrung genossen haben. Die trözenischen Musen, ursprünglich auch Wassergöttinnen, leiten sich durch den Sohn von Hephästos, Ardalos, ab.

Loki wird der Vertraute des Walfisches genannt. Dies weist auf die Vorstellung von der Fischgestalt des Gottes. Einen Rest der hierher gehörigen Sagen haben wir in der Erzählung, wie sich Loki nach Baldurs Tod vor den verfolgenden Göttern als Lachs im Wasser verbirgt. Wir sehen nicht nur in der nordischen Mythologie den Feuergott seine Zuflucht im Wasser suchen. Nach dem Taittareya sanhita fürchtet Agni gleich seinen drei älteren Brüdern im Dienste der Götter zu Grunde zu gehn und versteckt sich deshalb in den Gewässern, wird aber von einem Fisch verraten, den er dafür verdammt, ewig gejagt zu werden. Als Hephästos von Heere verstoßen wird, bergen ihn die Meergöttinnen Eurynome und Thetis im Schosse der See. Diese Sagen müssen aus der einfachen Ansicht entsprungen sein, dass sich die Wärme- und Lichtgottheiten der Welt zuweilen entziehn. Das Wasser als das kalte und dunkle Element ist ihr versteckt, aus dem sie dann, wie tagtäglich die Sonne, wieder auftauchen. Ich vergleiche hiernach die finnische Sage, welche diese Ansicht ziemlich deutlich erkennen lässt. Louhi, die böse finnische Herrscherin, hat Sonne, Mond und Sterne verzaubert, dass neun Jahr lang schon Nacht in der Welt herrscht. Da steigen der Held Wäinämoinen und Ilmarinen auf den Himmel, um zu sehen, was die Gestirne verdunkelt und Ilmarinen schlägt mit seinem Schwerte Feuer. In einer goldenen Wiege, die an Silberriemen hängt, wiegt das Feuer eine Jungfrau. Plötzlich fällt es aus der Wiege und mit hast fliegt es durch die acht Himmel. Die beiden Götter zimmern sich ein Boot und fahren aus, das Feuer zu suchen. Auf dem Fluss Neva begegnet ihnen ein Weib, die älteste der Frauen, die ihnen über das Feuer Fluchtkunde gibt. Es fuhr zuerst in Juuris neues Haus, in Palvonens unbedeckte Wohnung; da verbrennt es das Kind an der Mutterbrust, dass es zu Manala ging, und die Mutter verbannt es in des Meeres wilde Wogen. Das Wasser braust, es brandet hoch, vom Feuer gepeinigt stürzt es über die Ufer. Da verschlingt ein Barsch das Feuer, vom Schmerz gepeinigt treibt er umher von Holm zu Holm, von Klippe zu Klippe, bis ein roter Lachs ihn verschlingt. Diesen verschlingt ein Hecht, der ebenfalls in furchtbarer Pein nach Erlösung seufzt. Wäinämoinen rät hierauf ein Netz zu fertigen, das vom Säen des Leines an in einer Sommernacht vollständig zu Stande kommt, und auf den dritten Wurf wird der Hecht gefangen. In seinem Magen findet man den Lachs, in diesem den Barsch, in ihm das Knäuel, aus dessen Mitte der Funke springt, der abermals enteilt und sich furchtbar ausbreitet, dass halb Pohjaland, weite Strecken von Savo, Karjala an manchen Seiten verbrennt. Ilmarinen gelingt es durch einen Zauberspruch endlich das Feuer zu bändigen.

Die Fische mögen im Altertum eine tief mythische Bedeutung gehabt haben. Nach ägyptischem Glauben erscheinen die drei Gottheiten des dunklen Raumes und der Weltordnung, Pascht, Göttin des Raums, Muttergöttin Hathor und löwenköpfigen Reto, als Fische. Diese Tiere drücken als die lebendigen Verkörperungen des Wassers die geheimnisvoll und stumm wirkende reiche Macht des Elementes aus und sind darum treffende Symbole sowohl jener drei ägyptischen Gottheiten als der Aphrodite und unseres Loki.

Wir dürfen annehmen, dass auch die elbischen Geister des Wassers sich ursprünglich auf Loki-Fenrir zurückbezogen haben. Freilich kann ich dafür keinen andern äußern Beweis liefern als die rote Kleidung der Nixe; die rote Kappe ist bei den Kobolden als Zeichen ihrer Feuernatur anerkannt. Warum sollte sie nicht bei den Nixen das Zeichen ihrer Abstammung vom Feuer-Sonnen-Gott sein? Deutlicher ist dasselbe noch, wenn die Wassergeister ganz rot gekleidet erscheinen, wie der Saalnix, eine Seejungfer zu Swinemünde und selbst der oberschlesische Topielec. Sie erinnern alsdann an Eldr und Fimafengr, Feuer und Funkenfang, die beiden Diener des Meergottes Ägir.

Zuweilen sind die Nixen dadurch kenntlich, dass sie nur ein Nasenloch haben. Ich denke daran, dass Lokis Mund durch den Zwerg Brockr zugenäht wurde und vermute, dass für die Nixe eine entsprechende Sage vorhanden gewesen ist.

3. Während wir für Loki als Wassergott erst einen Namen suchen mussten und überhaupt auf vereinzelte Andeutungen beschränkt waren, so sind für ihn als Luftgott ein besonderer Name und reichere Quellen vorhanden. Der Name Loptr für Loki taucht ziemlich oft auf und hat sich bis heute auf Island und in Dänemark als Eigenname erhalten. Wenn Loki durch diese Benennung bereits als Luftwesen gekennzeichnet ist, so geschieht dies doch mehr durch seine Schuhe, mit denen er durch Luft und Wasser schreiten kann. Schuhe sind die symbolische Rüstung der Luftgötter auch im griechischen Glauben, indem sie dem Hermes, Perseus und der Athene beigelegt werden. Wie Loki als Wassergott in Fischgestalt sich wandelt, so als Luftgott in Falkengestalt. Allerdings berichten die nordischen Quellen, dass er dieselbe nicht aus eigener Macht annehmen könne, sondern dazu erst das Federgewand bedürfe, das in Besitz der Ehegöttin Friggs und der Liebesgöttin Freyas ist; allein die ganze Natur Loptr bürgt dafür, dass dies nur die Ausflucht einer späteren Zeit ist, die sich der physischen Bedeutung Lokis nicht mehr bewusst war und die Erscheinung derselben demnach nur als eine zeitweilig geliehene betrachtete. Unser Gott wandelt sich überdies noch in andere Tiere, die als Symbole der Luft und des Windes erschienen: so wird er eine Fliege und ein Pferd. Den ersten Mythos lassen wir vorläufig ganz aus der Acht und von dem letzteren heben wir nur heraus, dass Loki in Stutengestalt mit einem Hengste, Svadilfari, dem Eisführenden, den Schimmel Odins, Sleipnir, erzeugt. Dieser ist also die Vereinigung des Glutwindes (Logi-Loptr) und des kalten Sturmes, weshalb er auch achtfüssig und grau ist, denn der Glutwind erscheint schwärzlich, wie der Rauch und der Wintersturm weiß wie Schnee ist.

Gleich dieser Sage werden wir auch die Mythen, in denen Loki als Vogel auftritt, erst näher ins Auge fassen, da sie den physischen die ethische Bestandteile beimischen. Hier führen wir nun die Sage von Riesenkönig Thryms Hammerdiebstahl an, welche unseren Gott in einer elementaren Beleuchtung ziemlich rein darstellt. Ich erwähne bloß die Hauptzüge, da der Mythos aus den mehrfachen Übersetzungen der Thrymsquida sowie durch Uhlands Thor allgemein bekannt ist.

Der Donnergott erwacht und vermisst seinen Hammer. Er ruft Loki und sagt, der Hammer sei gestohlen. Beide gehen zu Freya und bitten um das Federgewand, das sie dem Loki leiht, worauf er zur Riesenwelt fliegt. Dort sitzt auf einem Hügel Thrymr, der Riesenfrüst, schmückt seine Hunde mit Goldbändern und schneidet seiner Rosse die Mähnen. Er bekennt, dass er Thors Hammer acht Rasten unter der Erde verborgen habe und will ihn nur herausgeben, wenn Freya sein Gemahlin werde. Rauschend fliegt Loki nach Asgard zurück.

Freya braust auf vor Zorn, dass ihr der leuchtende Brustschmuck bricht, der Saal erbebt, als sie des Riesen verlangen hört. Nimmer werde sie zur Riesenwelt fahren. Da halten die Götter Rat, wie Hilfe zu schaffen sei, und Heimdall schlägt vor, den Thor als Freya bräutlich aufzuputzen und dem Riesen zusenden. Es geschieht und Loki begleitet den Gott als Magd verkleidet.

Thrymr rüstet sein Haus zur Hochzeit, er freut sich seiner goldgehörnten schwarzen Rinder und seines Reichtums; das beste Gut werde ihm nun auch noch zuteil. Am Abend wird das Mahl aufgetragen, die Braut isst einen Ochsen, acht Lachse und alle Leckerspeisen, sie trinkt drei Tonnen Met, dass der Bräutigam sich wundert. Loki beschwichtigt ihn; Freya habe aus Sehnsucht nach ihm lange gehungert und gedürstet. Da neigt sich Thrymr unter das Brautlinnen, die Freya zu küssen, aber die Augen des Liebchens sprühen Feuer und entsetzt fällt er vom Stuhl. Doch auch das erklärt ihm Loki; die Augen der Braut glühten, denn acht Nächte habe sie vor Sehnsucht nicht geschlafen. Da ließ Thrymr den Hammer des Donnerers hereinbringen, um die Ehe nach der Sitte zu weihen. Dem Thor aber lacht das Herz in der Brust, da der Hammer seinen Schoss berührt; er fasst ihn und erschlägt Thrymr und zerstückelt das ganze Riesengeschlecht.

Ich schließe mich in der Hauptsache der Deutung an, welche Uhland im Mythos von Thor von dieser Sage gegeben hat. Der winterliche Gott, der nach seinem Namen Macht über das Gewitter hat, entwendet dem sommerlichen Donnergotte den Blitzstrahl. Als Thor aus seinem Winterschlummer erwacht, sendet er seinen Verbündeten, dem Gott des Feuers und der Luft, also den warmen belebenden Wind, in die Eiswelt hinein, dass er das Gewitter zurückführe. Allein das gelingt nicht so leicht. Der Winter ist bestrebt die Sonne in seine Gewalt zu bekommen, er wird aber getäuscht. Feurig wie das Gestirn, vom warmen Winde begleitet, naht ihm weiß verhüllt die Gewitterwolke. Als sie mit dem kalten zusammentrifft, schleudert sie den Blitz. Da ist des Winters Macht gebrochen. Es ist wohl zu beachten, dass in diesem Liede alles bösartige von Loki fern bleibt, denn er gibt dem Riesen nicht den Rat, Freya zu verlangen und bei den gefährlichen Bemerkungen Thryms über seine gewaltige Braut, wendet er durch seine Gewandtheit jeden Schaden von den Göttern ab. Er erscheint in diesem Mythos indessen bereits in untergeordneter Stellung, nicht mehr als hoher selbstständiger Gott, sondern als Diener und Bote der Götter. So erscheint er auch in den Sagen von König Ottar, Idun, die Göttin ewiger Jugend und von dem Schmuck Brisingamen. Dieses Botenamt ist jedoch ein Zeichen seiner Naturgewalt, denn nur die Luft- und Feuerwesen, der Sturm und der Blitz, zeigen sich der sinnlichen Weltanschauung als geeignete Vermittler der Gottheit und der Welt, jener biblische Vers, der die Winde und die Feuerflammen die Boten Gottes nennt. Diese Anschauung ist aus gleicher Vorstellung entsprungen. Ebenso ist Agni der Mittler zwischen Göttern und Menschen, wobei besonders die Beziehung hervortritt, in der er als Feuergott zu den gebrachten Opfern steht. Der süße Rauch, der aus ihnen emporsteigt, ist die Hülle, in der er wandelt. Wir dürfen voraussetzen, dass auch Loki bei den Brandopfern wenigstens tätig gedacht wurde, und erinnern uns, dass auch Hermes, der von einem hohen Gotte gleich Agni und Loki zum Götterboten herabstieg, ein Opfergott ist. Agni und Hermes sind zugleich durch ihr Botenamt Vorsteher der Straßen. Vielleicht findet sich noch einmal eine Spur der gleichen Bedeutung Lokis, zumal wohl auch die Erd- und Feuermacht jener Götter dabei in Anschlag kommt. Die Semiten bezogen ebenfalls die Aufsicht der Straßen auf den Feuergott, indem die Karawanenstraße von Gilead nach Ägypten „Weg des Melech" heißt; auf den Sonnengott beziehen sich die Irminsstraßen und die persische Memnonsstraße, auf Luftgottheiten der Feenweg im Pays de Caux.

*

Vorhin wird der weibliche Eigenname Lopthana (sinnlich Schwebend) erwähnt, derselbe baut uns die Brücke weiter zu den Verbindungen, in denen unser Gott mit andern Göttern steht. Ich glaube den Namen ganz so wie Freygerdr deuten zu können, sodass durch ihn die Verbindung Lokis mit einer Göttin Hoena bezeichnet würde. Allerdings wissen wir von dieser nichts, wohl aber manches von einem Gotte Hoenir, mit dem Loki in alter Gemeinschaft gestanden hat. Loki heißt Hoenis Freund und Vertrauter. Auch in der Schöpfungssage so wie auf manchen Wanderungen der Götter treten beide neben einander auf. Es ist darum nötig, einen Augenblick bei Hoenir zu verweilen.

Obschon dieser Gott in den erhaltenen Denkmälern sehr zurücktritt, so muss er doch in der ältesten Zeit von großer Bedeutung gewesen sein. Er gehört, wie erwähnt, zu der Götterdreiheit, welche das erste Menschenpaar bildete, und zwar begabte er dasselbe mit dem Geiste (odr). Bei den Vorfällen mit Thiassi und Hreidmar, ein habgieriger König und Zauberer der Riesen, ist er müßig, dagegen erscheint er neben Mimir als Geisel bei dem Friedensschlusse zwischen Asen und Wanen. Bekanntlich stellen diese Niördr und Freyr dagegen. Indem Niördr als Meergott dem Mimir entspricht, muss auch Hoenir in seinem Wesen dem Freyr sich angleichen, damit der Friede von beiden Teilen unter gleichen Bedingungen geschlossen werde. Hoenir ist demnach ein Himmelsgott und namentlich Sonnengott. Dazu passen auch vollkommen seine Beinamen, der schießende Gott, der Pfeilkönig, der Langfuß, denn wir wissen, dass die

Sonnenstrahlen im Altertum mit Händen, Füßen und Pfeilen verglichen werden. Als Gott der edelsten und feinsten Naturmacht begabt er demgemäß die Menschen mit dem Geiste. Die erbärmliche Rolle, welche er in dem Sagenbruchstücke bei P. E. Müller „Sagabibliothek" als ein zwar schöner, aber feiger und einfältiger Gott spielt, ist eine Erniedrigung und Umkehrung seines ältesten Wesens. Als Luftgott gibt er sich noch zu der färöischen Inselgruppe als Lokapattur zu erkennen, indem er den Sohn des Bauern, welchen der Riese Skrujmsli verfolgt, in einer Schwanenfeder verbirgt.

Die altnordische Form seines Namens weist auf ein einfaches Hon zurück, das ich als Verdichtung von Haun nehme. Diesem entspricht das angelsächs. Hean und Ean, das viele Eigennamen in Zusammensetzungen bildet, unter denen mehrere geradezu die Vermutung erwecken, der erste Teil, Hean oder Ean (beide Formen erscheinen nebeneinander) bedeute ein Gestirn. Eangsel heiße Sonnenstrahl, Eeanwulf sonnenvoll, Heanberht sonnenglänzend, Eanvulf entspricht das althochdeutsche Aunolfus, auch dem das Onolf, Onold, Haunolt oder Hunolt. Mir scheint nun bedeutend, dass dem burgundischen Hunolt sowohl in der Nibelunge Not als im Biterolf und in Dietrichs Flucht Sindolt stets als Begleiter zugegeben ist. Ich vermute eine dunkle mythische Erinnerung; sobald sich Hunolt auf die Sonne, muss sich Sindolt auf den Mond, das Gesinde, den Gefährten der Sonne beziehen und wir hätten in diesen beiden Namen die hochdeutschen Benennungen der Wölfe Hati und Sköll, die Verfolger von Mond und Sonne. Mir scheint es auch nicht bedenklich den slavischen Gott der Morgenröte Hajnal, Hennil unserm Hoenir zu vergleichen; nicht minder ziehe ich das sanskr. Kona, den Namen mehrerer Gestirne, besonders den Mars und Saturn, in die Verwandtschaft.

Dem Sonnengotte muss Loki, der Gott der Luft und des zeugungsreichen Erdenlebens, eng verbunden sein, was so natürlich ist, dass auch die Verwandten Mythologien die Verbindung der dem Loki entsprechenden Gottheiten mit den Gestirngöttern erwähnen. Hephäst ist dem Helios befreundet, Agni dem Soma.

Hoenir und Loki sind beide mit Odin verbunden. Beide sind seine Gefährten und Vertrauten und erscheinen bei der Menschenbildung und auf den Wanderungen neben ihm. Natürlich kann Odin in dieser Verbindung mit uralten hochgewaltigen Gottheiten nicht die spätere Bedeutung als umfassender durchdringender Gott haben; er muss auf einen Teil der Macht beschränkt sein und wird sich neben die Götter der Sonne und des Feuers als Luftgott, als Gottheit des durchdringenden Hauches, stellen, weshalb er auch den Menschen die Seele (önd) verleiht. Mit Loki muss er früher in einer ähnlichen Verbindung wie Thor gestanden haben, denn es heißt, dass er mit ihm Blutbrüderschaft gemacht habe.

Neben der Trias Odin – Hoenir – Loki stellt sich die Dreiheit Odin, Vili, Ve. Von der älteren Edda wird sie nur in der jungen Lokaglepsa erwähnt und zwar heißt Odin hier Vidrir. Der Verfasser der Gylfaginning jedoch und der Autor der Snorri-Edda nennen Odin selbst. Die drei Brüder sind Söhne des Börr und der Riesin Bestla und sollen den Urriesen Ymir erschlagen und das Chaos aufgelöst haben. Diese Angaben lassen sich mit den andern uns erhaltenen nicht einigen, denn beide Dreigötterbünde für einander durchaus gleich zu achten, ist kein Grund vorhanden. Man hat Ve als Loki ausgelegt und Vili für Hoenir genommen, indessen gibt es keinen Beweis dafür. Diese Dreiheit unterscheidet sich überhaupt merkwürdig von den andern kosmogonischen Verbindungen, da in ihr ethische Personifikationen enthalten sind. Sie muss also entweder einem andern Stamme zugehören oder jünger sein und an der Stelle von Vili und Ve müssen andere Namen gestanden haben. Dies dünkt mich allenfalls wahrscheinlich. Es wird nämlich erzählt, Odin habe während einer langen Abwesenheit seine Herrschaft und seine Eherechte bei Frigg seinen Brüdern Vili und Ve übertragen. Indessen kennt er nur einen Stellvertreter, den Mitothin oder Ollerus = Ullr; er wäre also einer der beiden Brüder und kann als Luft- und Sonnengott, wofür ich ihn halte, dem Hoenir entsprechen. Der dritte Bruder (Ve) bliebe noch zu erraten. Möglich dass Loki in ihm verborgen ist. Sobald wir für ihn die Form On zulassen, würde die Trias Odin, Ullr, On ebenso gut durch Alliteration verbunden sein wie Odin, Vili, Ve. Zu einem irgendwie befriedigenden Ergebnisse kann ich indessen hier nicht gelangen. Wie Loki in der Dreizahl auftritt, so wird er auch bei den Göttern in der Zwölfzahl erschienen sein. Er wird wenigstens an verschiedenen Stellen noch ausdrücklich zu den Asen gezählt. Die Veränderung seines Wesen verstieß ihn indessen allmählich aus der Haftung der Weltordnung, an der er zu nagen begann, und er nimmt seinen Platz demgemäß später in der Materie ein.

*

Ein Blick rückwärts wird uns die hervorragenden Punkte der zurückgelegten Strecke wieder vorführen. Aus der ungeordneten gährenden Masse hervorgegangen ist der hermaphrodite Loki, die zeugende und gebärende Gottheit, welche den Urzustand in feste Gestalten führt und in den drei Weltreichen wirkt. Er teilt darauf seine Herrschaft mit seinen drei Brüdern, den Mächten der Luft und des Meeres. Nachdem sein Geschlecht durch die Götter eines andern Stammes gestürzt ist, hat er durch seine überwiegende Bedeutsamkeit den Fall überlebt. Statt mit seinen Brüdern wird er mit andern Gottheiten verbunden, den Göttern der Luft und der Sonne und tritt mit ihnen in die kosmogonischen Sagen ihres Stammes. Loki ist recht eigentlich ein allgemeiner Gott unseres Volkes. Er muss allen Völkerschaften gleich wichtig erschienen sein, darum sehen wir ihn auch in Verbindung mit dem Donnergotte; in allen drei Verbindungen – Logi, Bylleystr, Ägir; Odin, Hoenir, Loki; Thor und Loki, also in zeitlich und örtlich verschiedenen Schöpfungssagen, ist er von Bedeutung. Sein äußeres Wesen ist demgemäß mild und unheimlich schön, er ist weise und vielgewandt, wie wir seine List und Verschlagenheit der jüngeren Berichte für ihn übersetzen müssen. Er ist an keine einzelne Gestalt gebunden, sondern hat die Macht sich nach Gutdünken zu wandeln, ganz gleich dem Agni, der als glänzender Jüngling und vielgestaltig und weise geschildert wird.

Jene früher erwähnte Anschauung des Altertums von der Welt als einem Ungeteilten und eng verbundenen Ganzen äußert sich nicht nur in dem zurückführen aller Macht auf eine Gotteinheit, sondern auch in der Vorstellung, dass alle Erscheinungsformen des Vorhandenen, Leben und Tod, Entstehung und Vernichtung, sich ursprünglich verwandt seien und einen Ausgang haben. Die weltdurchdringende Gottheit ist gleichmächtig in der Schöpfung wie in der Vernichtung, beides sind nur vorübergehende und sich ablösende Entfaltungen des Seins. Die Sinnlichkeit verlangt aber für diese Gedanken eine sinnliche Anlehnung und findet sie in dem Element, welches die Vereinigung der entgegengesetzten Kräfte augenscheinlich in sich trägt, in der belebenden und zerstörenden Flamme. Agni wird zum zerstörenden Rudra, der belebende und erhaltende Moloch wandelt sich in einen Tötenden; somit wird unser Loki der Träger der physischen und ethischen Vernichtung.

Die tiefe Verwandtschaft in der Auffassung der ältesten Feuergottheit zwischen Indern und Germanen bewährt sich auch darin, dass beide Götter mit der überwiegenden Ausbildung der zerstörenden Eigenschaft einen anderen Namen annehmen. Agni erhält die Benennungen Rudra und Shiva, die zwar an sich keineswegs das Negative ausdrücken, in denen aber Agni ganz als Zerstörer, als Carva auftritt. Ebenso gibt Logi-Lodr seinen Namen auf und heißt nun Loki, der Schließer, Endiger, Vernichter.

Dem Gotte, welcher als Feuer die zeugende, als Kuh die empfangende und gebärende Macht ausdrückt, ist als Ergänzung und Gegensatz zugleich im Todesgott vereint. Zum unterirdischen Herrscher wird Loki bereits durch seine Wirksamkeit im Innern der Erde. Die Erdgötter sind allenthalben zugleich Unterwelts- und Astralgottheiten. Demgemäß ist Hel, die Göttin des Totenreiches, Lokis Tochter. Sie wird bald ganz schwarz geschildert, bald halb schwarz halb weiß, gleich der indischen Todesgöttin Kali, der Demeter und Persephone. Ihr Reich ist eine kalte Nebelwelt, zu der die Toten durch tiefe Gänge und dunkle Täler reiten. An der jeseitigen Eingangsbrücke sitzt als Hüterin Modgudr, der Seelenkampf, nordwärts von ihr führt der Weg zur hochumgitterten Burg der Hel. Die Göttin ist unersättlich und verlangt unaufhörlich neue Seelen-Opfer, Hunger ist ihr Messer und Verschmachten ihre Schüssel. Sie ist die Schwester der weisen Weltschlange und des Fenriswolfes von Loki und Angrboda, und wurde von den Göttern, um sie unschädlich zu machen, unter die dritte Wurzel der Weltesche über du Totenreich gesetzt. Bei der Auflösung der Welt verlangt auch Hel ihr großes Opfer. Demgemäß wird ihr Baldur zuteil, während ihre Brüder Odin und Thor vernichtet werden. Kali, die Schwarze, klingt auch lautlich an Hel an, ist mit ihr verwandt. Ihr Verhältnis zu Shiva ist von der Idee gleich gefasst als das Hel zu Loki, indem sie des Gottes Frau ist.

Loki erweist sich noch durch zwei andere seiner Kinder als Todesgott. Aus der Verbindung mit Sigyn gehen die Söhne Vali und Nari oder Narvi hervor, Götter der Totenstätte und der Leichen. Mit diesem Narvi fällt wahrscheinlich der Vater der Nacht, Narvi oder Nörvi, zusammen. Nott, Nacht, ist schwarz und finster wie ihr Geschlecht, gleichsam die Hel der Oberwelt. Sie ist mit dem Naglfari vermählt, dem Geiste des Schiffes, das ans den Nägeln der Toten erbaut ist und von Loki zum letzten Kampf beim Weltuntergange geführt wird. Nacht gehört also ganz in das Geschlecht des Todesgottes. Ihr und Naglfaris Sohn, Audr, Reichtum, fällt mit der Vorstellung zusammen, die durch unser ganzes Altertum geht und als deren schönste Blüte die Nibelungensage aufgegangen ist, dass das Gold ein Erzeugnis und Eigentum der finstern Unterweltgottheit ist. Zugleich weist er auf das Zeugungskräftige des Dunkels hin, was noch mehr in der zweiten Geburt der Riesin Nacht von dem Zwerge Anar, ihrem zweiten Gemahl, in der Lörd, der Erde, ausgedrückt wird. Loki steht also auch nach dieser Richtung hin an der Spitze eines bedeutenden Geschlechtes, dessen lebendigster Ausdruck die Nacht ist, welche in ihren zwei entgegengesetzten Verbindungen, der Vernichtenden (Naglfari) und der

Zeugenden (Anar) das Wesen ihres Ahnen repräsentiert und durch ihre Kinder auf den trotz allem negativen doch positiven Grund ihres Geschlechtes, im Besonderen Lokis, zurückweist.

Schon oben war Gelegenheit von der Sagenmasse zu sprechen, welche die jüngere Edda zu einem Ganzen verbindet und die von der Erwerbung Thialfis, von dem Abenteuer Thors mit dem Riesen Skrymir und den Begebenheiten bei dem Riesenkönig Utgardaloki erzählt. Die erste Sage haben wir bereits von den übrigen abgelöst; ich glaube, dass auch die beiden andern zwei ursprünglich getrennte Stücke sind, deren einen, die Sage von Skrymir, deutlich ein sehr alter Mythos zugrunde liegt, deren zweites aber so entstellt ist, dass sich aus ihm allein kaum das Richtige und Alte herstellen würde, käme uns nicht die ganze Sagemnasse von Loki zu Hilfe.

Thor fährt mit Loki, Thialfi und seiner Schwester Röskva ostwärts in die Riesenwelt. Nachdem sie über das Meer gesetzt sind, kommen sie in einen großen Wald und finden zur Nacht ein mächtiges Haus, dessen Tür so weit wie es selbst war. Darin herbergten sie, aber gegen Mitternacht erbebte die Erde und das Haus zitterte. Da standen sie auf und gingen weiter in das Haus und fanden rechter Hand einen Anbau. Thor stellte sich mit seinem Hammer an die Türe, die andern aber verkrochen sich tief hinein. Die ganze Nacht hörten sie das Brausen und Schnauben und als es tagte ging Thor hinaus. Da sah er nahe dabei einen großen Mann liegen, der schlief und schnarchte gewaltig, und nun wussten sie sich das Beben und Brausen in der Nacht zu deuten. Thor war darüber zornig und wollte mit seinem Hammer zuschlagen, indem erwachte aber der Mann und sprang rasch auf. Da fragte ihn Thor nach dem Namen und er nannte sich Skrymir.

„Dich", sagte er, „brauche ich nicht nach dem Namen zu fragen, du bist der Asenthor; wohin hast du aber meinen Handschuh geschleppt?" Da sahen die Götter, dass das des Riesen Handschuh gewesen war, was sie für ein Haus hielten, der Anbau aber war der Däumling. Sie machen darauf miteinander Reisegefährtschaft und Skrymir nimmt Thors Speisesack mit auf seinen Rücken. Als sie den ganzen Tag gelaufen sind, halten sie abends unter einer Eiche rast. Skrymir legt sich gleich schlafen und bat die andern das Abendbrot zu bereiten. Thor kann aber den Speisesack nicht aufschnüren, und er wird so grimmig darüber, dass er dem Skrymir mit seinem Hammer auf den Kopf haut. Da erwacht der Riese und fragt, ob ihm ein Blatt auf den Kopf gefallen sei und schläft weiter. Mitten in der Nacht hört Thor den Riesen wieder schnarchen. Da greift er zum Hammer und schlägt ihn auf den Wirbel, dass die Spitze in den Kopf fährt. Skrymir erwacht und fragt: „Was gibt es? Fiel mir eine Eichel auf den Kopf? Was hast du denn immerwährend, Thor?" Der Gott aber erwidert, er solle schlafen; und der Riese schnarcht weiter. Da schlägt Thor zum dritten Male zu und der Hammer fährt bis zum Schafte ein und Skrymir setzt sich auf, streicht sich über das Gesicht und sagt: „Sollten denn Vögel im Baume sitzen? Mir war es, als fiele mir Moos auf den Kopf. Thor, wachst du? Wir wollen aufstehen. Ihr habt nun nicht mehr weit zu der Burg Utgardr; dort werdet ihr noch größere Leute als mich sehen. Tut aber nicht zu groß dort, denn die Hofleute möchten solchen Frauenknechten nichts hingehen lassen. Kehrt darum lieber um. Wollt ihr aber weiter, so wendet euch ostwärts, mein Weg geht nach Norden." Da nimmt er sein Bündel, wirft es über den Rücken und geht quer durch den Wald. Die Götter aber sollen nicht gewünscht haben, ihn gesund wieder zu sehen.

Zu Mittag sahen Thor und seine Gefährten Thialfi und Loki eine Burg auf dem Felde stehen, die war so hoch, dass sie den Kopf zurückbiegen mussten, um ganz an ihr hinauf zu sehen. Vor der Burg war ein Gatter, und da es nicht aufging, krochen sie zwischen den Latten durch und kamen in eine offene Halle. Drin saßen auf zwei Bänken viele Männer und die meisten waren sehr groß. Als sie aber vor den König Utgardaloki kamen und grüßten, sah er sie lange an, lachte höhnisch und sprach: „Es ist mir zu langweilig auf Umwegen zu fragen. Ist es nicht so? Ist der Knecht nicht Thor mit dem Wagen? Du sollst stärker sein als du mir scheinst. Was kannst du oder deine Gefährten? Denn keiner darf unter uns sein, der nicht in irgendetwas die Meisten überträfe." Da sagte Loki, der zuhinterst ging. „Er könne so schnell essen wie kein anderer." Utgardaloki sprach, das sei eine Kunst und sie solle erprobt werden, und er rief einen aus den Bänken heraus, den Logi, dass er sich gegen Loki versuche. Ein Trog von Fleisch wird aufgetragen. Loki setzte sich an das eine ende, Logi an das andere, und beide aßen so rasch sie konnten. In der Mitte begegneten sie sich. Da hatte Loki alles Fleisch von den Knochen gegessen, Logi aber hatte Fleisch und Knochen und den Trog dazu verzehrt. So schien nun allen Loki das Spiel verloren zu haben. Darauf wies der König auf Thialfi und fragte, was der junge Mann da könne. Thialfi sagte, er wolle mit jedem, den man ihm stelle, um die Wette laufen. Die Bahn wird draußen im Felde bezeichnet und Utgardaloki ruft seinen Diener Hugi (der Gedanke), dass er die Gegenwette wage. Sie laufen. Hugi kommt dem Thialfi gerade so weit voraus, dass er sich am Ziele umdreht, als jener ankommt. Da ruft der

König: „Thialfi, du wirst dich mehr vorwärts legen müssen, wenn du gewinnen willst; indessen gestehe ich, dass du der Schnellste bist, der zu uns kam." Darauf laufen sie zum zweiten Male, am Ende aber ist Thialfi von Hugi einen Bogenschuss entfernt, und beim dritten Male ist er noch nicht die die Hälfte gekommen, als Hugi schon am Ziele ist. So hat auch er verloren. Nun fragt Utgardaloki den Thor, was er für Künste zeigen wolle, die Leute erzählten ja so viel von seinen Krafttaten. Da spricht Thor, am liebsten wolle er mit einem um die Wette Trinken. Der König sagt, das könne geschehen, und heißt seinen Mundschenken das Horn zu bringen, aus dem die Höflinge gewöhnlich tränken. Ein guter Trunk heiße es, sagt er, wenn das Horn auf einmal leer würde, manche tränken es auf zwei Züge aus, jeder aber leere es beim dritten. Da besieht sich Thor das Horn und es scheint ihm, wenn auch sehr lang, doch nicht sehr weit; er ist überdies durstig und setzt darum gewaltig an. Als er aber genug gezogen zu haben meint, siehe da, ist sehr wenig abgegangen und Utgardaloki spricht: „Du trinkst gut, aber nicht zu stark; ich hätte nicht geglaubt, dass der Asenthor nicht besser zöge. Aber ich weiß, du wirst es beim zweiten Male leeren." Thor antwortet nicht, setzt an und nimmt alle Kraft zusammen, aber die Spitze will nicht in die Höhe, und als er absetzt, scheint weniger zu fehlen als beim ersten Male; indessen kann man doch das Horn am Rande anfassen. Utgardaloki spottet aber, und Thor setzt zum dritten Male an. Nun zieht er zwar mehr, allein er ist unmutig und gibt das Horn weg. Da sprach der König: „Man sieht, dass deine Kraft nicht so groß ist, als wir dachten. Willst du denn noch mehr Spiele versuchen? Gewinn wirst du freilich nicht davon haben." Thor sagt: „Es wäre wunderbar, wenn solche Züge bei den Asen klein hießen. Ich kann aber noch anderes versuchen; was willst du mir bieten?" Da sagt Utgardaloki: „Junge Leute heben meine Katze von der Erde. Es ist etwas Geringes und ich würde es dem Asenthor nicht bieten, hätte ich dich nicht schwächer gesehen, als wir meinten." Da kam eine graue Katze auf den Flur, die war gar groß. Thor ging auf sie zu, fasste sie unten am Bauche und wollte sie aufheben, aber die Katze machte einen Buckel; Thor griff ihr nach, so weit er konnte, und da musste sie ein Bein heben. Weiter aber brachte der Gott das Spiel nicht. Da sprach Utgardaloki: „Es kam so, wie ich erwartete. Die Katze ist sehr groß und Thor ist klein und schwach." Da rief Thor: „So klein ihr mich nennt, so komm doch einmal her und ringe mit mir. Nun bin ich böse." Da sah sich der König in den Bänken um und sprach: „Hier sehe ich keinen, dem es nicht eine Kleinigkeit wäre, mit dir zu ringen. Wir wollen aber sehen. Man rufe meine

Amme Elli, sie hat manchen niedergeworfen, der nicht schwächer als du schienst." Da kam ein altes Weib in die Halle, musste mit Thor den Kampf beginnen, und es kam so, dass das Weib um so fester stand, je stärker Thor zufasste. Zuletzt versuchte die Alte Kunstgriffe und Thor verlor den Boden, sie schwenkte ihn aber so heftig, dass er bald mit einem Knie auf die Erde fiel. Da trat Utgardaloki hinzu und hieß sie aufhören und meinte, Thor solle keinem weiter in der Halle ein Ringen anbieten. Da war die Nacht gekommen und der König lud Thor und seine Gefährten zu sich ein und sie vertrieben die Nacht in gutem Vernehmen. Am Morgen, sobald es tagt, stehen die Götter auf und machen sich zur Abreise fertig. Utgardaloki ließ da einen Tisch setzen und ließ es nicht fehlen an Freundlichkeit, Speise und Trank. Als sie aber gegessen hatten, machten sie sich auf den Weg und der König begleitete sie hinaus. Beim Abschiede aber fragte er den Thor, was er von seiner Fahrt denke und ob er je einen Mächtigeren als ihn gefunden habe. Da antwortete der Gott, er wolle nicht leugnen, dass er sich keine große Ehre eingelegt habe und dass sie ihn wohl einen schwachen Kerl nennen würden. Utgardaloki aber sprach: „Nachdem du aus meiner Burg bist, will ich dir die Wahrheit sagen. So lange ich lebe, sollst du nie mehr hinein kommen; auch hättest du nicht hinein gedurft, hätte ich deine Kraft vorher gekannt. Wisse denn, ich habe dir Gaukeleien vorgemacht. So zuerst, da ich als Skrymir im Walde mit euch zusammenkam. Da konntest du den Speisesack nicht aufschnüren, ich hatte ihn aber mit Eisendraht zugebunden. Darauf schlugst du mir drei Schläge mit deinem Hammer; der erste war der schwächste, aber er wäre mir zum Tode geworden, hätte er mich getroffen. Dort bei meiner Halle sahst du einen Felsstock und oben darin drei viereckige Löcher. Das waren deine Hammerspuren. Den Fels hielt ich vor, aber du sahst es nicht. Gaukelei war auch bei den Spielen, die ihr mit meinem Hofgesinde spieltet. Loki aß geschwind, allein Logi aß rascher, er war das Wildfeuer. Thialfi lief mit Hugi um die Wette, das war mein Gedanke, darum konnte ihn Thialfi nicht erreichen. Als du aber, Thor, aus dem Horne trankst, dünkte es dich langsam zu gehen. Ein Wunder aber war dein Trinken, das ich nicht glauben würde, hätte ich es nicht gesehen. Denn das Ende des Hornes lag im Meere, wenn du dorthin kommen wirst, kannst du den Mangel schauen, den du getrunken hast; das ist was man Ebbe nennt. Und weiter dünkte mich es nicht erwähnenswert, dass du die Katze von der Erde hobst. Alle aber bebten, die es sahen, denn es war die Weltschlange (der Erdgürtel), die um alle Länder liegt und du griffst so hoch, dass es nicht weit zum Himmel war. Ein großes Wunder war auch dein Kampf mit Elli, dem Alter. Keiner war noch wird er sein, den nicht das Alter fällt. Wir wollen uns trennen, für beide Teile aber wird es gut sein, dass ihr nicht mehr zu mir kommt. Ein anders Mal will ich mit solchen Künsten meine Burg wahren, dass ihr keine Gewalt an mich habt." Als nun Thor diese Rede gehört hat, greift er nach dem Hammer, aber Utgardaloki ist verschwunden, und als sie zur Burg zurückkehren wollen, sehen sie große und weite Felder, aber keine Burg.

Der erste Mythos, der von Skrymir, enthält den Gedanken, dass der Anbau an den Felsgebirgen scheitert und die Fruchtbarkeit des Bodens durch die Erzadern zunichte gemacht wird. Es mag ihm eine alte Sage von der Begegnung Thors und eines Bergriesen zugrunde liegen; indessen halte ich den Namen Skrjmir, Gaukler, für jünger und erst nach der Verknüpfung dieser Sage mit der folgenden in Verbindung gebracht. Dadurch wird der Mythos auch umgestaltet. Dem alten Mythos ist es weit entsprechender, dass die Schläge den Riesen selbst wirklich treffen, auf ihn aber nur den Eindruck wie ein Blatt, eine Eichel oder wie herabfallendes Reisig machen. Erst die spätere Zeit, der jene Sagen der ungeheuren Naturanschauung des Altertums zugeschnürte Speisesäcke waren, musste zur eigen Beruhigung und Glaublichmachung den Felsstock vorschieben. Loki, Thialfi und Röskva sind in diesem Mythos ganz überflüssig, der überhaupt mit dem Sagenkreise Lokis nichts zu tun hat, aber hier wegen seiner Verbindung erwähnt werden musste.

Der Sage von Utgardaloki dagegen liegt die Erzählung eines Besuches Thors bei dem Unterweltsgotte Loki zugrunde. Utgardaloki ist der Todesgott, der Beherrscher des Reiches, welches außerhalb des Menschen- und Götterlebens liegt; so lässt ihn der Bericht Saxos deutlicher als die Erzählung der jüngern Edda erkennen. Er liegt gefesselt in finsterer schlangenvoller Höhle, wie Loki nach Baldurs Ermordung, und seine Burg ist gleich derjenigen Hels mit einem Gitter umgeben. Seine Amme ist notwendig das Alter. Dass die Weltschlange zu Lokis Gesinde gehört, darf nicht wundern, da sie von ihm erzeugt ist und er über das Meer gebietet. Es war sehr natürlich, dass das Zusammentreffen der entgegengesetzten Mächte, des Lebensgottes Thor und des Todesgottes Loki, zum Gegenstande eines Mythos wurde, der besonders in der jüngeren Zeit durch seine allegorischen Anknüpfungspunkte weiter gesponnen wurde. Das Verständnis der Sage war verloren und darum nahm man keinen Anstand, Loki als Begleiter Thors sich selbst dem unterweltlichen Gotte entgegenzustellen und überdies noch Thialfis in die Sage zu verwickeln.

Der Wettkampf Thialfis, des Luftgeistes, mit dem Gedanken hat ebenso wenig einen Grund im eigentlichen Sinne der Sage wie die Wette Lokis mit Logi. Erbärmlich ist die Erklärung, die dem Verfasser der Gylfaginning angehört, Utgardaloki habe nur durch Gaukeleien gesiegt. Sie zeigt wie jung die Sage in ihrer vorliegenden Gestalt ist, denn ehe Loki zu dem märchenhaften Zauberer und Gaukler wurde, zu dem er hier gemacht werden soll, musste die Sagenwelt bereits eine bedeutende Zeit durchlebt haben. Dem Alter muss das Leben nachgeben, d. h., mit der wüsten Gewalt des Meeres liegt der Anbau in den Küstenlanden in beständigem Kampf. Das ist der reine Ausdruck des Gegensatzes zwischen Thor und Loki, der sich wahrscheinlich in älterer Gestalt würdiger und schöner dargestellt hat als in der uns überlieferten Erzählung.

Noch in einer andern Sage erscheint Loki als Todesgott, in der Sage von der Buße Ottars. Odin, Loki und Hoenir wanderten einmal durch die Welt und kamen zu einem Wasserfall, dabei saß eine Fischotter, der aß mit geschlossenen Augen einen Lachs; Loki nahm einen Stein und warf ihn tot. Da nahmen sie den Otter und den Lachs und kamen mit ihnen zu Hreidmar. Den baten sie um Nachtherberge, um Speise dürfe er nicht sorgen, sie hätten einen guten Fang gemacht, und sie zeigten den Otter. Da erkannte Hreidmar, dass das sein Sohn Ottar sei, und er rief seine Söhne Fafnir und Regin und sie ergriffen und banden die drei Götter. Wollten die nun ihr Leben lösen, so mussten sie so viel Gold versprechen als nötig sei den Balg Ottars zu füllen und von außen zu bedecken. Da wird Loki ausgeschickt das Gold zu schaffen, und er geht zu Meeresgöttin Ran und borgt sich ihr Netz. Darauf kam er nach Schwarzelbenheim an ein Wasser, wo der Zwerg Andvari, Odins Sohn, als Hecht lebte. Den fing er und als Lebenslösung verlangte er von ihm alles Gold, was er seinen Steinen habe. Da trug der Zwerg alles herbei, aber einen kleinen Ring schob er unter seine Hand und bat, als Loki ihn verlangte, er möge ihm den Ring belassen, damit könne er sich seinen Schatz wieder ersetzen. Aber Loki sagte, er dürfe keinen Pfennig behalten und nahm den Ring. Da sprach Andvari den Fluch aus, dass jeder, der den Ring besitze, des Todes sein solle. Als nun Loki das Gold zu Hreidmar brachte, füllten sie den Balg und nachdem sie ihn auf die Füße gestellt hatten, schichteten sie das Gold um ihn auf. Da kam Hreidmar und sah sorgfältig nach, ob alles verhüllt sei, und als er noch ein Barthaar unbedeckt sah, hieß er es verhüllen. Da nahm Odin den Ring Andvaris und legte ihn über das Haar; als er aber seinen Geer und Loki seine Schuhe genommen hatte, da sprach Loki: „Viel Gold hast du für mein Haupt bekommen, deinem Söhne wird es kein Glück bringen. Wer den Ring und den Schatz besitzt, dessen Tod soll er werden." Und das hat sich erfüllt.

Es ist bekannt, dass dieser Mythos der finstere Grund ist, aus dem die gewaltigen Gestalten der Nibelungensage aufgestiegen sind. Loki, den Gott des Todes und der reichen Tiefe, erkennen wir als die eigentliche Triebkraft des Ganzen. Der Mord Ottars und das Todesnetz charakterisieren ihn immer deutlicher als den Vernichter. Wie er ferner den Söhnen Ivaldis gebot, ihm die köstlichsten Gaben zu schmieden, so zwingt er hier den Zwerg Andvari ihm seinen Schatz auszuliefern. Lachmann hat bereits zu den Nibelungen auf den allegorischen Namen dieses Schwarzelben aufmerksam gemacht. Andvari, die Emsigkeit, aber auch die Sorge, ist der Sohn Odins, des Gefürchteten, der bedeutsam an Hagens Vater Agazjo, d. i. Akiso, Egiso, Furcht, Schrecken, erinnert. Der Fluch den Andvari über das Gold ausspricht, kann Loki nicht treffen, denn er ist selbst Gott der Vernichtung, allein der Fluch würde den Odin ereilt haben, hätte er den Ring nicht ausgeliefert. Sobald das Gold in Hreidmars Besitz ist, wiederholt Loki den Fluch, der nun in den Mund dessen gelegt wird, dem er auch von Anfang an zukommt und dessen Ausfluss nur Andvari ist. Denn dem Loki gehört das Gold, das Erzeugnis des Dunkels und des Todes (vergl. Audr) und er gibt es nur um den Preis hin, dass er damit für sein düsteres Reich die Gegengabe gewinne, d. h., dass der, der den Schatz gehoben hat, in Jahresfrist sterben muss. Dies wird in der ältesten Gestalt der Sage ganz klar ausgedrückt, und sie würde wahrscheinlich auch Odin, der nur unbedeutend, und Hoenir, der gar nicht beschäftigt ist, tiefer in die Begebenheit verflochten zeigen.

*

Der Geist des Todes äußert sich nicht bloß unter den Menschen, Loki tritt allgemein als Gegensatz der jugendlichen Erdenblüte, ich möchte sagen als Wintergott auf, wenn man ihn damit als Vernichter des keimenden Lebens überhaupt fassen will. Ein ähnlicher Gedanke lag seiner Begegnung mit Thor als Utgardaloki unter; die nächste Sage verflechtet ihn mit demselben Gott.

Loki Laufeys Sohn hatte aus Bosheit Sif ihr ganzes Haar abgeschnitten, aber als Thor das erfuhr, ergriff er Loki und wollte ihm alle Knochen zerschlagen, hätte er ihm nicht versprochen, für Sif von den Schwarzelben einen goldenen Kopfschmuck machen zu lassen, der wie ihr Haare wächst. Da fuhr Loki zu Ivaldis Söhnen, und sie machten das Haar, und als es auf Sifs Kopf kam, wuchs es sogleich ans Fleisch an.

Ich habe diese Sage von der andern, welche von Lokis und Sindris, des Schmiedes Wette erzählt, abgelöst, wie dies schon Uhland getan hat. Sif, Thors Gattin, lautlich, wie es scheint, als gebährende Erdgöttin zu deuten, trägt auf dem Haupte das grüne Gras. Da fährt der feurige Wind, Loki, über die Erde und ihr Haarschmuck ist verschwunden. Der donnernde Gott der Fruchtbarkeit ist jedoch seiner Macht noch nicht beraubt, er zwingt Loki die ihm dienstbaren Geister der Tiefe zu nötigen, dass sie das Haar der Erde ersetzen. Sie schaffen einen goldenen Hauptschmuck, die gelben Halme des reifen Getreidefeldes, dessen Farbwandlung dem sinnlichen Auge der mythenbildenden Zeit durch diese Sage zur Erklärung gelangte. Mit dem Gelbwerden war das grüne Haar verschwunden, das Erzeugnis Thors und seiner Gattin, die frische saftreiche Geburt des Lenzes, und an seine Stelle trat das tote goldene Stroh, das wie ein Machwerk jenem gegenüber erschien. Gerade hier zeigt Loki die Allseitigkeit seines Wesens, die Vereinigung des Zerstörenden und Erzeugenden.

Es wird am besten sein, hier bald den Anhang, den dieser Mythos in der Edda erhielt, mitzuteilen.

Loki hatte sein Leben gegen den Zwerg Brockr gewettet, dass dessen Bruder Sindri nicht so treffliche Sachen fertigen könne wie Sifs Haar, den Speer Gungnir und das Schiff Skidbladnir. Als sie nun zur Schmiede kamen, legte Sindri eine Schweinshaut ins Feuer und hieß Brockr blasen und nicht eher aufhören, bis er das aus dem Ofen nehme, was er hinein gelegt hatte. Als aber Brockr blies, setzte sich ihm eine Fliege auf die Hand und stach. Aber er blies wie vorher, bis der Schmied das Werk aus dem Feuer nahm; das war ein Eber mit goldenen Borsten. Darauf legte Sindri Gold ins Feuer und hieß den Brockr wieder blasen und die Fliege kam wieder und setzte sich ihm auf den Hals und stach noch mehr. Aber er blies bis der Schmied den Goldring Draupnir heraus nahm. Nun legte Sindri Eisen in den Ofen und sagte, er solle mit dem Blasen ja nicht einhalten, sonst werde das Stück verderben. Da setzte sich die Fliege Brockr mitten ins Auge und stach ihm ins Lid, und als ihm das Blut ins Auge fiel, griff er ganz rasch mit der Hand danach, während der Blasebalg niederfiel, und jagte die Fliege weg. Da kam der Schmied und sagte, es werde wohl alles verdorben sein, und er nahm einen Hammer heraus. Da gab er die Kostbarkeiten seinem Bruder Brockr und hieß ihn mit nach Asgard fahren und das Pfand lösen. Da setzten sich die Götter zu Gericht und Odin, Thor und Freyr sollten Schiedsrichter sein. Da gab Loki dem Odin den Geer Gungnir, dem Thor Sifs Haar und dem Freyr das Schiff Skidbladnir, und er nannte die Bedeutung und die Kraft von allen. Der Geer (Speer) werde nie im Wurfe matt, das Haar wachse gleich ans Fleisch, und das Schiff habe beliebigen Fahrwind, sobald das Segel aufgezogen sei, auch könne man es wie ein Tuch zusammenfalten und in die Tasche stecken. Darauf brachte Brockr seine Kleinode; da gab er dem Odin den Ring und sagte, jede neunte Nacht tropften acht gleiche Ringe von ihm, dem Freyr aber gab er den Eber und sagte, schneller als ein Ross renne er durch Luft und Meer, Tag und Nacht, und es möge noch so finster sein, seine Borsten leuchteten überall. Aber dem Thor gab er den Hammer und sagte, er werde bei keinem Wurfe fehlen und stets werde er in seine Hand zurückkehren und niemals brechen. Einen Fehler jedoch hatte der Hammer, dass er am Griffe zu kurz war. Dennoch urteilten die Götter, dass er das Beste aller Kleinode sei und der Zwerg die Wette gewonnen habe. Da wollte Loki sein Haupt lösen, allein Brockr nahm das nicht an. Da rief Loki: „Nun da nimm mich." Aber als ihn der Zwerg fassen will, ist er fort, denn er hatte seine Schuhe an. Aber Thor fing ihn auf des Zwerges bitten, und als ihm nun Brockr den Kopf abschneiden will, sagt er, er habe wohl einen Kopf, aber keinen Hals. Da nahm der Zwerg einen Riemen und ein Messer, um ein Loch in Lokis Lippen zu stechen und sie zusammenzunähen. Aber das Messer schnitt nicht. Da wünschte sich Brockr seines Bruders Ale und kaum gesagt, hatte er sie in der Hand und nun machte er den Mund Lokis zu, die Ränder aber schnitt er ab. Der Riemen, mit dem Lokis Lippen zugenäht wurden, hieß Bindseil (Vartari).

Diese Sage stellt uns den Loki im Wettstreite mit einem ihm ähnlichen Wesen dar. Sindri, der Funke, dessen Bruder Brocke ein Luft- und Windgott zu sein scheint, ist wahrscheinlich eine uralte dem Loki verwandte Gottheit. Wie dieser mit dem Riesengeschlechte in Verbindung steht, so lehnt sich Sindri, wie schon sein Name bedingt, an die Zwerge an, die in Völuspa sein Geschlecht heißen. Der Wettstreit derartig verwandter Gottheiten muss aus dem Zusammentreffen des Glaubens verschiedener Stämme erklärt werden; Lokis Wette gegen Logi stützt sich auf ähnlichen Grund. Natürlich hat der Sagenbildner Partei genommen und die Wesen, welche ihm als die Wohltätigen und Segnenden erscheinen, müssen siegen. Darum gewinnt Sindri, denn er wird durch die bereits vollzogene Verschlechterung Lokis gehoben, obschon die Naturmacht desselben noch aus seinen drei Kleinoden, wie erwähnt wurde, hervorleuchtet. Wie die Strafe zu deuten sei, die ihn trifft, weiß ich nicht; vielleicht drückt sie aus, da die Flamme vorzugsweise als die Zunge des Feuergottes angesehen wird, dass dem Loki seine physische Gewalt, die Macht des Wortes, genommen worden sei, indem ihm der Mund geschlossen wurde. Die ganze Erzählung hat viele märchenhafte Züge und wird kaum einer durchgebenden strengen Deutung fähig sein. Es ist gut, dass der Hauptgedanke erkennbar ist.

Wir wenden uns nun zu Loki in seinem Gegensatze gegen das frische Naturleben zurück und finden diese Seite seines Wesens auch in dem Mythos von Idun.

Odin, Hoenir und Loki wanderten einmal durch Gebirge und Wüsteneien und es ging mit dem Essen knapp. In einem Tale endlich fanden sie eine Rinderherde und sie nahmen sogleich ein Stück davon und legten es zum Sieden in den Kessel. Allein das Fleisch wollte nicht gar werden, und da sie sich darüber wunderten, rief jemand über ihnen von der Eiche, er sei Schuld daran. Da sahen sie einen Adler oben sitzen, der sprach: „Wollt ihr mir so viel von dem Ochsen geben, dass ich satt werde, so soll das Fleisch kochen.“ Die Götter willigten ein und der Adler kam herunter und nahm als ersten Bissen die zwei Schenkel und die beiden Vorderkeulen. Da ergrimmte Loki und stieß dem Adler eine große Stange in den Leib. Aber der Vogel flog auf, und weil die Stange fest in ihm steckte und Loki auch fest hielt, musste der Gott mit. Der Adler aber flog schwer und niedrig, so dass Lokis Füße auf Steine und Felsen und Wälder stießen, seine Arme aber, meinte er, müssten aus den Schultern reißen. Da bittet er den Vogel gar sehr um Frieden, aber der sagt, er solle nicht loskommen, wenn er ihm nicht schwöre, Idun mit ihren Äpfeln aus Asgard hinaus zu bringen. Das gelobt Loki und er kommt los. Als aber die Götter heimgekommen sind und die bestimmte Zeit da ist, lockt Loki die Idun in den Wald hinaus, indem er sagt, er habe dort wunderschöne Äpfel gefunden, und er bittet die ihrigen mit zu nehmen. Da kommt nun der Riese Thiassi als Adler und ergreift Idun und fliegt mit ihm in sein Haus. Den Göttern aber ging es schlecht nach Iduns verschwinden, denn sie wurden rasch alt und grau. Da fragten sie einander, wo sie Idun zuletzt gesehen haben und was sie von ihr wüssten, und es fand sich, dass sie zuletzt mit Loki gesehen war. Da wurde Loki ergriffen und ihm mit dem Tode gedroht, wenn er Idun nicht herbeischaffe. Er sagte aber, wenn ihm Freya ihr Falkengewand leihe, wolle er die Göttin bei den Riesen suchen. Und als er es hat, fliegt er nordwärts und kommt zu Thiassi. Der war auf See und Idun saß allein daheim. Da verwandelte sie Loki in eine Nuss und nahm sie in die Klauen und flog davon. Aber Thiassi hatte Idun bei der Heimkehr bald vermisst, nahm sein Adlergewand und flog dem Loki mit einem Adlerwinde nach. Als nun die Götter sahen, wie der Falke mit der Nuss von dem Adler verfolgt wurde, trugen sie Späne an die Mauer von Asgard. Da flog der Falke hinüber. Sogleich warfen sie Feuer in die Späne und der Adler konnte sich nicht halten und flog hinein. Da konnte er nicht weiter fliegen, die Götter aber kamen hinzu und schlugen Thiassi vor dem Burggitter tot und Loki war besonders eifrig dabei.

L. Uhland hat diesen Mythos bereits vollständig behandelt, und ich habe daher fast nur die Ergebnisse seiner Forschung hier mitgeteilt.

Idun, die Tätige, Emsige, die Tochter Ivaldis, die Hegerin der Jugend, ist die Personifikation der frischen Lebenskräfte der Erde. Ihr Symbol sind die Äpfel und die Nuss, und zwar nicht als Frucht oder Abschluss des Pflanzenlebens, sondern als die Bewahrer des Keims einer neuen jugendlichen Zeit. Meine Vermutung, dass Ivaldi ursprünglich Loki selbst sei, lässt sich mit einem Verhältnisse zu Idun wohl einigen, da Loki, wie nachgewiesen wurde, mit den elbischen Geistern überhaupt verbunden ist und als die zeugende Weltkraft auch der Ausgangspunkt der jugendlichen Frische sein muss. Dieser stehen die Mächte der winterlichen Zeit und des wüsten Landes feindlich entgegen. In ihrem Kampfe gegen die Götter des friedlichen und geordneten Weltzustandes muss ihnen Iduns Besitz begehrenswert erscheinen, da jene ohne dieselbe verloren sind. Loki, dessen abschließende und zerstörende Seite bereits hervorgetreten ist, muss ihnen als Mittel dazu dienen. In dem Gebirge, wo die Riesen ihre volle Macht haben und das Streben der Götter die Nahrung zum Wachsen zu bringen, vergeblich ist, wird er, der warme sommerliche Wind, von dem eisigen Sturme überwältigt. Seine Lösung ist der Verrat an dem Frühlingsleben. Die Glut des Sommers überliefert dasselbe an den Winter. Die Erde wird welk und matt. Loki allein kann ihre Blüte retten, wie er sie auch vernichtete. Der warme Lufthauch fliegt in den Winter hinein und bringt den Keim des Lenzeslebens zurück. Aber das Wagnis ist nicht ohne Kampf; der Wintersturm rast hinter den Frühlingslüften her. In der Ebene aber, fern vom Gebirge, wird er machtlos; hier ist Loki und die Götterschar kräftig und Loki überwältigt ihn, wie er im Gebirge von ihm bezwungen wurde.

Die Naturanschauung, die aus diesem Mythos spricht, scheint noch in einem anderen niedergelegt zu sein, von dem uns ein Bruchstück in der älteren Edda bewahrt ist. Auch nach ihm ist Idun aus dem Kreise der Götter verschwunden. Sie sitzt trauernd und missmutig in der finstern Unterwelt.

Bangigkeit fasst die Götter, der nahe Untergang ahnt ihnen und Odin entsendet Heimdall, Loki und Bragi, die Jungfrau um Weissagung über die Zukunft zu befragen. Ihr Bemühen ist umsonst. Sie schweigt wie vom Schlafestaumel umfangen und nur Tränen entfließen ihr. Heimdall und Loki kehren zurück, Bragi bleibt bei Idun.

Das Verhältnis, in dem Idun hier erscheint, ist ein anderes, als in der vorher gebenden Sage. Sie ist wie eine Tote und gleicht der Seherin, zu deren Grabe Odin nach Vegtamsquida in derselben Absicht reitet, in der die drei Götter sich zu Idun begeben. Baldurs Tod droht und die Götter suchen ihn zu verscheuchen, allein ihre Weisheit reicht nicht aus. Odin, Heimdall, Loki, Bragi, die vorzugsweise Scharfsinnigen und Klugen, suchen anderwärts Rat und Hilfe. Sie Seherin weiß nur von Baldurs sterben, Idun schweigt ganz. Das herabsinken Iduns in das Totenreich kann ein Ausdruck für die drei zusammenhängenden Winter sein, welche dem Weltuntergange vorausgehen. Alsdann ist an keine Rückkehr Iduns zu denken, man müsste denn die neue Erde mit den grünen Wiesen, die nach dem Weltbrande aus dem Meere aufsteigt, als ein wiederaufleben Iduns auffassen. So ließe sich auch die schöne und feine Auffassung Uhlands von diesen Strophen Hrafnagaldurs retten, obschon ich nicht leugnen kann, dass ich Bedenken trage, den ganzen Mythos als Natursymbolik zu deuten. Für die Götter Heimdall und Loki nehme ich wenigstens nicht die physische Erklärung an, sondern fasse sie hier nur als die Träger göttlicher Weisheit. Bragi ist an sich keine Gottheit, die in dem Naturleben ihre Wurzeln hätte, streift aber gerade hier an dasselbe an, indem sich sein Zurückbleiben bei Idun nach Uhlands trefflicher Bemerkung dadurch erklärt, dass mit dem Tode des Frühlings auch der Gesang zu Grabe getragen wurde.

Noch in einer anderen Sage nehme ich Loki als den Wintergott, nämlich in dem Mythos vom Geirödr.

Loki ist einmal zur Kurzweil mit Friggs Falkengewand ausgeflogen und in Geirödr Hof geraten. Er setzt sich an ein Fenster der großen Halle, und als ihn Geirödr erblickt, befiehlt er den Vogel zu fangen und ihm zu bringen. Der Abgesandte klimmt mühsam an der Wand hinauf und das macht dem Loki Spaß. Darum will er nicht eher auffliegen, bis der Mann ganz nahe sei. Als aber derselbe nach ihm greift, kann er nicht fort, sondern wird gefasst und dem Geirödr gebracht, der bald in seinen Augen sieht, dass er kein Vogel ist. Er heißt ihn sprechen, und als Loki schweigt, sperrt ihn Geirödr drei Monate in eine Kiste und lässt ihn hungern. Nach dieser Zeit nimmt er ihn heraus und nun spricht Loki und sagt, wer er sei. Da muss er um sein Leben zu lösen, dem Geirödr schwören, ihm den Thor ohne Hammer und Stärkegürtel in seinen Hof zu bringen.

Geirödr, der Speermann, zeigt sich in dem Folge der Sage, der nicht weiter hierher gehört, so wie in anderen Nachrichten von ihm, als einen Gewitterriesen, dem Thor, der Götter und Menschen freundliche Wettergott, gegenüber steht. Thors Begleiter ist Loki, der Gewitterwind. Er wird im Gebirge von dem Riesen gefangen, ganz wie in dem Mythos von Idun, und muss zu seiner Befreiung versprechen, die sommerliche Macht auszuliefern. Wie dies geschieht, darüber habe ich das Nötige bei der Grytha, Lotherus Mutter, bemerkt.

*

Der Gegensatz in den Loki als Vernichtungsgott gegen seine schöpferische Tätigkeit trat, musste auch einen Gegensatz gegen die frühere Bildung seiner Sinnesart hervorrufen. Es wird allmählich unmöglich, das Wesen welches als der Vernichter der schönen Lebensfülle wirkte, weise und gütig zu denken, denn die Unterordnung des Einzelnen unter das große Ganze, in dem keine Vernichtung möglich ist, entschwand. Loki wird also hinterlistig, auf Schaden sinnend und schadenfroh, wie sich der Verfasser der Gylfaginning sehr grob ausdrückt, ein Schandfleck aller Götter und Menschen. Gedankenlos wird dies nachgesprochen, auf das ganze Leben des Gottes ausgedehnt und Loki zum Aschenbrödel der germanischen Mythologie gemacht.

Der schändlichste Bösewicht steigt ebenso wenig fertig aus der Hölle als ein Meister der sieben freien Künste vom Himmel fällt. In Lokis innerer Geschichte zeigen sich sehr deutlich die Abstufungen seiner Verschlechterung. Bei Thrymr ist es der kluge Beistand der Götter, der alles zum Besten kehrt; in der Sage von Sifs Haarraub tritt uns seine physische Verderblichkeit hervor; in der Ottarssage ist er vernichtend, allein wer die Gaben seines Todesreiches vermeidet, bleibt unverletzt; durch Iduns Verrat gefährdet er die Götter, allein in seinem Wesen liegt es, dass er die Verratene wieder zurückführt; verderblicher erscheint er durch den Raub von Freyas Schmuck, hinterlistig und feindlich in der Begebenheit mit dem riesischen Baumeister Asgards, bis dann in der Baldursage seine ethische und physische Verderblichkeit ganz heraustritt. Tiefer als hier ist er aber in noch andern Sagen herabgesetzt, wo der physische Hintergrund fehlt, der in diesen Mythen sein feindliches Wesen rechtfertigt und ihm jeden Schein der gemeinen Bosheit nimmt.

Es würde dies alles noch weit durchsichtiger sein, wären die Mythen nicht in so junger Zeit aufgezeichnet. Manche Sage, die in ihrer jetzigen Gestalt wirklich Flecken auf unsres Gottes Sinnesart wirft, müsste sich dann als reine Natursymbolik ergeben, in der Loki nur im Gegensatze zu einer andern Naturmacht auftritt. Ich vermute dies namentlich in dem Mythos, der von Lokis Raube des schmuckes Freyas erzählt.

Odin sagte, dass Loki alles was er angriff, löste, und legte ihm oft große Aufgaben vor. Loki erfuhr alles, was geschah und sagte es dem Odin wieder. Da hörte er einmal, Freya habe von den Zwergen gegen ihre Gunst einen Halsschmuck bekommen und er sagte es dem Odin. Da befahl er ihm, den Schmuck zu stehlen, und wie sehr er sich auch vorstellte, dass das unmöglich sei, es half nichts und Odin sagte, er dürfe nicht eher wieder kommen, als bis er den Schmuck bringe. Da ging Loki heulend fort und alle freuten sich, dass es ihm schlecht ging. Wie er nun zu Freyas Kammer kommt, ist sie verschlossen und er kann nicht hinein. Es war aber eine harte Kälte und er fror. Da wird er zur Fliege und flog um alle Riegel und in alle Ritzen, aber nirgends konnte er hindurch. Endlich spürte er ganz oben am Giebel ein Loch so groß wie ein Nadelohr. Da hinein schlüpfte er und so kam er in das Gemach. Alles schlief und Freya lag mit dem Schmucke am Halse auf einem Bette. Weil sie aber auf dem Schloss lag, wandelte sich Loki in einen Floh und stach sie in die Wange. Da drehte sich Freya um, schlief aber ruhig weiter und Loki konnte nun den Schmuck nehmen. Da schloss er das Gemach von innen auf und eilte zu Odin. Als aber Freya am Morgen erwacht und das Halsband fort und die Türen offen sieht, errät sie den Streich und geht zu Odin und verlangt zurück, was ihr gestohlen sei. Odin aber wirft ihr die Weise vor, wie sie zu dem Schmuck gekommen sei, und bestimmt, sie solle ihn nicht wieder erhalten, bis sie zwei Könige, deren jeder zwanzig Unterkönige habe, zum Kriege bringe. Sie müssten fallen, aber sogleich wieder aufstehen und weiterkämpfen und alle gefallenen der Heere ebenso, und das müsste währen, bis ein Christ diese Männer bekämpfe. Dann sollten sie Ruhe finden. Das verspricht Freya und darauf erhält sie das Halsband wieder.

Von dem Mönch, der diese Sage schrieb, war nichts anderes zu erwarten, als eine solche niedrige und gemeine Auffassung. Wir dürfen uns natürlich nicht daran genügen lassen und lösen zuerst die Verknüpfung dieses Mythos mit der Sage von den beiden Könige Hedni und Högni und unserer Gudrunsage. Dafür setzen wir den Schluss, der sich glücklicherweise als Bruchstück in der Skalda erhalten hat. Hiernach verhilft Heimdallr (Ase) der Freya zu ihrem Schmucke zurück, indem er ihn im Kampf mit Loki auf einer Meeresklippe ernimmt. Beide Götter sind dabei in Robbengestalt. Der Skalde Ulf Uggis Sohn, der unter Olaf Tryggvason lebte, hatte diese Sage in der Husdrapa ausführlich behandelt; die erhaltene Strophe lautet so:

Es knüpft der Ratgewandte den Götterpfad an den Brausestein,
Der Vorsichtberühmte kämpft gegen Farbautis wunderschlauen Sohn.
Der kraftvolle Sohn der neun Mütter beherrscht die schöne Meerniere.
Ich verkündige es in rühmenden Strophen.

Als ursprünglichen Kern des Mythos vermute ich folgendes. Loki raubt listig, durch sein eigenes Wesen getrieben, Freyas Halsband, wird aber von Heimdall durch einen Kampf im Meere zur Rückgabe gezwungen. Zur näheren Erkenntnis müssen wir bei Heimdall verweilen.

Heimdall ist der Sohn von neun Riesinnen, deren Namen verraten, dass sie Wassergöttinnen sind; sein eigener Name zeigt, dass er ebenfalls Meergott ist, denn er bedeutet den **Weltstrom**. Demnach stellen sich seine Mütter zu den neun Töchtern des Ägir und sind ein Bild für die Wogen. Er heißt auch Vindler d. i. Vindhler, Sturmmeer. Hierzu fügen sich alle Angaben, die von ihm bekannt sind. Er hat goldene Zähne, wie die Nixen Fischzähne oder eiserne haben, er reitet auf einem goldmähnigen Rosse, Goldzopf (Gullintoppi) genannt; unter den Zähnen und dem Ross sind die Meereswogen zu verstehen, die im Sonnenglanze schimmern. Darum heißt er auch der leuchtende Gott. Er muss an feuchten Plätzen am Ende des Himmels, wo die Götterbrücke, der Regenbogen, sich aufwölbt, im Schlosse Himmelberg (Himinbiörg) wohnen. Schlaf bedarf er weniger als ein Vogel, denn das Meer braust Tag und Nacht; des Meeres Auge ist stets geöffnet und schaut weit, deshalb kann Heimdall zu jeder Tageszeit hundert Rasten weit sehen. Wie alle Wassergottheiten ist er sehr weise; nach der bilderreichen Sprache hört er das Gras auf dem Felde und die Wolle auf den Schafen wachsen. Gleich allen Meergöttern ferner ist er Gott der Fruchtbarkeit, darum stammen von ihm die drei Stände der Menschen ab und der Widder ist ihm heilig. Auch hat er gleich den Meer entstammten Freyr und Wate einen tapferen kriegerischen Sinn und führt ein treffliches Schwert. Beim Anbruche des letzten Kampfes stößt er in sein Horn, das unter der Weltesche verborgen liegt; das ist das Brausen des Meeres, das die kommende Zerstörung ankündet.

Jacob Grimm hat nachgewiesen dass Rigr, ein Name Heimdalls als Stammvaters der drei Stände, das hochdeutsche Irinc ist. Hiernach ist

Heimdall Sohn des Eor oder Tyr und Abkömmling Hymis, des alten Meerriesen. So wie hiernach durch seine Abstammung meiner Meinung nach, dass er Meergott ist, gesichert wird, so auch durch seine Nachkommen. Irinc fällt mit Tivisco zusammen, da beide Namen den Sohn desselben Gottes bezeichnen. Indem Tacitus den Tivisco an die Spitze unseres Volkes stellt, fußt er auf demselben Grunde wie Rigs-Lied, das nur Bläser und mit bestimmtem politischen Zwecke Rigs-Abkömmlinge angibt; Tiviscos Sohn ist Mannus, von dem Inc, Isc und Irmin abstammen. Ich vermute, dass Mannus als besonderes Glied aus dieser Reihe zu streichen ist und dass er mit Inc zusammenfällt, welcher Name zur Ableitungssilbe geschwächt die Abstammung angibt, also Sohn oder Mann im Allgemeinen bedeutet. Dazu stimmt das nach Ing benannte Runenzeichen, welches in rohem Versuche das Bild eines Menschen darstellt.

Mannus wäre demnach dem Inc gleichbedeutend und Tacitus hätte aus Unkenntnis die zwei Namen desselben Wesens zu zwei verschiedenen Gestalten gemacht. So wie also nach jüngerer nordischer Sage von Heimdall unmittelbar die drei Grundpfeiler der politischen Gesellschaft (Knecht, Mann, Fürst) stammen, so entsprießen ihm nach älterer deutscher Sage ebenfalls unmittelbar die drei göttlichen Stammhelden des Deutschen Volkes. Inc erscheint aber in alter Sage selbst als Gott und zwar als Ahne der Wanen. Hierdurch gehört auch Heimdall in dieses Geschlecht, und sein Kampf um Freyas, einer Wanin, Schmuck ist ein Streit um ein Hausgut, bei dessen Besitz er selbst stark beteiligt ist. Inwiefern Heimdall durch diese Verwandtschaft als Meergott zu fassen sei, wird ein Blick auf das Wesen der Wanen lehren.

Wie erwähnt, in den nordischen Geschichtsbüchern wird Ing an ihre Spitze gestellt. Ich habe zwar soeben für seinen Namen die Bedeutung „Mann" in Anspruch genommen, allein dieselbe ist sehr allgemein und scheint erst abgeleitet. Ursprünglich mag Ing, dem der sanskr. Stamm *ing se movere* verwandt ist, den sich Bewegenden, Lebendigen ausgedrückt haben. Ich vergleiche nun die Götternamen Vishnu, Odin und den mythischen Wate und fasse den Gott als ein Wesen des beweglichen wogenden Meeres. Gerade dies Element ihm zuzuteilen, bestimmen mich seine Nachkommen Niördr und Freyr, die deutlich Meergottheiten sind und sowohl für Ing als Heimdall rückwirkende Beweise ihres gleichen Wesens sein können. Über Niörds Wesen ist man hinlänglich im Klaren; er ist ein mächtiger Seegott, dessen Gewalt auch über die andern Elemente geht. Er bildet also den Gegensatz zu Loki; so wie dieser in seiner älteren Namensform auf das Feuer als Grundelement hinweist, so entspricht Niördr dem Wasser. Zu Grunde liegt eine Wurzel, von der das Sanskr. nira Wasser, pers. nere verwandte Triebe sind. Das Suffix ist *d*, Sanskr. *dha* enthaltend, fußend, so dass also Niördr gleich dem Sanskr. *niradhi*, zu dem es lautlich ganz stimmt, den Wasserhalter, das Meer bezeichnet.

Niörds Kinder sind Freyr und Freya oder Fro und Frouwa, deren Wesen sich darin zusammenfassen lässt, dass sie freundliche segnende Gottheiten sind, ausgezeichnet durch Glanz, Schönheit und Weisheit, die Urheber des Wohlbehagens, das aus Liebe und Reichtum hervorgeht. Sie sind Himmelsgottheiten, Sonnenschein und Regen ist ihnen untertan, ihr Schmuck sind die Gestirne und golden sind die Tränen, die sie weinen. Ihre Heimat liegt ostwärts, denn von dort steigen alltäglich die Gestirne aus dem väterlichen Hause des Meeres auf, dort muss also das Reich der Wanen sein, deren Name bereits auf glänzende schöne Wesen deutet.

Wir wenden uns hierauf zu unserm Mythos zurück. Der Gegenstand des Kampfes der beiden Götter ist das Brisingamen, ein Halsschmuck, den Freya durch kunstreiche Zwerge erhalten hat. Der Name ist dunkel. Simrock hat die Vermutung aufgestellt, in diesem Halsbande strahle der Breisacher Schatz der Harlunge zurück; J. Grimm meint, dass Brisingar der Name der schmiedenden Zwerge sei und erinnert an das mhd. brisen schurzen, schnüren. Wie dem auch sei, so viel ist klar, dass dieses Halsband ein heiliger Schmuck der leuchtenden Freya war, und wohl ihr Symbol als Gestirngöttin ist.

Was bedeutet aber der Kampf Lokis und Heimdalls um das Brisingamen? Schon früher machte ich auf den Gegensatz zwischen Loki und den Wanen aufmerksam, der sich auf verschiedene kosmogonische Ansichten der germanischen Stamme zurückführen muss, in dem Glauben an die Wanen erscheint das Wasser als Grundstoff, in dem Glauben an Loki das Feuer. Indem sich die ganze übrige Göttermasse mit Loki in Verbindung zeigt, scheint in dem Kriege zwischen Asen und Wanen, den Völuspa und die Inglingasaga erwähnen, der Streit jener zwei Weltbildungsansichten, natürlich nicht als bloßer Theorien, sondern als der Grundbegriffe zweier lebendig ausgebildeter Göttergeschlechter dargestellt zu sein. Ich halte den Raub des Brisingamens für eine Begebenheit dieses Kampfes, die Asen suchen dem Feinden ein bedeutendes und heiliges Stammgut, die Macht über die Gestirne zu entziehen. Wie dies ausgeführt wurde, ist der Inhalt zweier Sagen, die darin übereinstimmen, dass Loki der Täter ist. Nach der einen Sage tritt er als Luftgott auf (er entwendet in Fliegengestalt den Schmuck), nach der andern erscheint er als Meergott, wie seine Robbengestalt darstellt. Aus der Luft oder aus dem Wasser, je nachdem die Gestirne auf oder untergegangen waren, mussten sie geraubt werden. Indessen gelingt der Raub wenigstens nach der zweiten Sage nicht. Heimdall verfolgt den Räuber und gewinnt ihm das Kleinod wieder ab. Der Zusammenhang zwischen den Wasser- und Gestirngottheiten ist zu mächtig, als dass er getrennt werden könnte; Loki, obwohl selbst Meergottheit, ist doch zu sehr nach andern Richtungen ausgebildet und hier ganz besonders im Gegensatze gegen das Wasser, als dass er den Wanen mit Erfolg trotz bieten könnte. So fallen ihnen die Gestirne wieder zu, wobei daran erinnert werden mag, dass die asischen Gottheiten den Wasserwesen gegenüber nie als volle Gestirngötter auftreten können. Odin hat eines seiner Augen, Tyr seine rechte Hand an die Götter der Wassertiefe eingebüßt, Hönir wird den Wanen ausgeliefert. In der späteren Einführung des Freyr in den Asenkreis ist auf friedliche Weise der Versuch gemacht worden, mit dem herrschenden Stamm auch diese Naturmächte zu verbinden.

Der Kampf Heimdalls und Lokis ist in der Sage durchaus wesentlich. Er ist der Widerstreit zweier tiefgreifender Naturanschauungen und wiederholt sich bei dem Weltuntergang. Die eben behandelte Begebenheit ist das Vorspiel davon, ein Vorkampf, der sich jenem öfteren Zusammentreffen Thors und der Weltschlange vergleicht, das am großen Endtage ebenfalls seinen Abschluss findet.

Loki zeigt sich in diesem Mythos feindlich und hinterlistig, allein nur einer Reihe der Götter gegenüber. Beiden verderblich und zwar wieder in Bezug auf Freya tritt er in der Sage um den Hengst Svadilfari auf.

Als die Götter Midgard und Valhöll (Walhall) gebaut hatten, kam ein Werkmeister zu ihnen und erbot sich in drei Halbjahren eine Burg zu bauen, die so gut sei, dass die Götter in ihr vor den Riesen geschützt seien, auch wenn diese bis Midgard kämen. Als Lohn wählte er sich Freya und Sonne und Mond aus. Die Götter aber beratschlagten und auf Lokis Rat wird der Vertrag mit dem Meister gemacht, er solle den Lohn haben, wenn er die Burg in einem Winter baue, jedoch dürfe er niemanden Hilfe dazu nehmen. Der Meister ging darauf ein, nachdem sie ihm, wie Loki riet, bewilligt hatten, dass ihm sein Hengst Svadilfari helfen könne. Da begann der Meister mit dem ersten Wintertage. Des Tages baute er, aber des Nachts brachte er auf seinem Pferde gewaltige Felsstücke herzu, dass sich die Götter verwunderten, denn das Pferd arbeitete noch einmal so viel als der Meister. Sie begannen sich zu sorgen, denn der Vertrag war stark beschworen und Thor war nicht daheim, sondern war ostwärts Trölle schlagen. Da sich der Winter zu Ende neigte, wurde der Burgwall (Mauer) bearbeitet und er wird so stark und hoch, dass man sich nicht an ihn wagen konnte. Und als es noch drei Tage bis zum Sommer waren, ging es stark an das Burgtor. Da setzten sich die Götter auf die 12 Gerichtsstühle und hielten Rat und einer fragte den andern, wer geraten habe, Freya den Riesen zu überliefern und Luft und Himmel der Sonne und des Mondes zu berauben. Da sahen sie, dass es Loki Laufeys Sohn gewesen war, und sie bedrohten ihn, bis er versprach, den Meister um seinen Lohn zu bringen, es möge ihm selbst kosten, was es wolle. Und denselben Abend, als der Meister mit dem Hengste Svadilfari nach Steinen fuhr, lief ihm eine Stute entgegen und wieherte ihn an. Da wurde Svadilfari wild und zerriss die Stränge und lief der Stute in den Wald nach. Die Pferde jagen die ganze Nacht herum und der Meister kann sie nicht fangen. Den Tag darauf geht es mit der Arbeit schlechter als sonst und er sieht, dass der Bau nicht fertig wird. Da fasst ihn ein Riesenzorn, und die Götter erschrecken, da sie sehen dass ein Jötun zu ihnen gekommen, und rufen Thor. Sogleich ist dieser da und da bezahlt er dem Riesen mit dem Hammer den Lohn und schickt ihn hinunter in die Nebelhölle. Aber Loki gebar einige Zeit nachher ein graues achtbeiniges Füllen; das ward der beste Hengst bei Göttern und Menschen und hieß Sleipnir.

Ich habe schon oben die Grundzüge dieser Sage gedeutet. Loki erscheint hier bereits verderbt und verrät die Götter an die Mächte, gegen welche kämpfend sie zuletzt untergehen. Allein er hat noch einen physischen Hintergrund, der ihn und die Götter rettet; das ist seine Luftherrschaft.

Der Riese und sein Ross drücken augenscheinlich den Winter mit den kalten Stürmen aus. Die Götter haben mit dem Baumeister den Vertrag geschlossen, dass er ihre Burg ummaure. Sie haben dem Winter die Gewalt gegeben, das fruchtbare grünende Erdenleben auf eine Zeit einzudämmen; vollendet der Riese den Bau, so ist Freya mit Sonne und Mond sein, das winterliche Düster herrscht alsdann auf ewig in der Welt. Die Asen haben verblendet, von Loki verraten, die Gefahr nicht durchschaut. Als aber nun der Winter die letzte Hand an sein Werk legt, erkennen sie ihre Not. Loki muss sie lösen; der warme Tauwind braust dem Wintersturm entgegen und jagt sich die Nacht hindurch mit ihm herum. Am Morgen ist des Winters

Macht gebrochen; er sieht, dass er den Bau nicht vollenden kann und wird von Thor, dem zurückkehrenden Gewitter, vollends vernichtet. Über Sleipnir habe ich schon früher gesprochen.

*

Ich habe mehrfach im Laufe dieser Untersuchung auf die Entwickelung des nordischen Glaubenssystems aufmerksam gemacht und darauf hingewiesen, wie sich in ihm ebenso wie in den andern heidnischen Religionen ein sehnsüchtiges Ringen des Gemütes nach Befriedigung verrät, das aber ungestillt bleibt. Geschlecht auf Geschlecht wird in den Hintergrund gedrängt, Loki, Thor, Odin und vielleicht, noch andere treten hintereinander an die Spitze, bis zuletzt in dem Asenkreise der Versuch nach einer Versöhnung gemacht wird. Allein die Schuld, die an jedem der Götter haftet, legt sich drückend auf das Gewölbe des Ganzen und zersprengt es. Das Gemüt kann sich auf die Dauer nicht an diesen Gottheiten aufrichten und trösten, die durch blutigen Kampf und durch Treubruch ihre Herrschaft errangen und ihre feste Burg Asgard gründeten. Sie müssen untergehen und einem reineren Geschlechte weichen. Loki, der Geist der Vernichtung und des sühnenden reinigenden Feuers, muss die Vergeltung üben. Er übernimmt die Opposition. Fortan stehen sich zwei Lager gegenüber: die konservativen Asen und die destruktiven Lokianer mit den Flüchtlingen aus den früheren Revolutionen, den Riesen.

Die einleitende Tat, welche zugleich unabweislich den Sturz der Asen nach sich zieht, vollbringt Loki mit dem Morde Baldurs.

Baldur träumte schwere Träume, die sein Leben bedrohten, und als er sie den Göttern erzählte, hielten sie Rat und baten um Frieden für Baldur, und Frigg nahm Eide ab dem Feuer und Wasser, dem Eisen und allen Erzen, den Steinen, der Erde, den Pflanzen, Tieren, Vögeln, der Schlange, dem Gift und allen Krankheiten, dass sie Baldurs schonen wollten. Als dies geschehen war, stellte sich Baldur auf den Ding, den Ort des Rechtes, und alle Götter schossen und schlugen nach ihm zum Zeitvertreib und nichts schadete ihm. Das dünkte allen ein großer Gewinn, aber dem Loki Laufeys Sohne gefiel es übel. Da wandelte er sich in ein altes Weib und ging in die Meersäle zu Frigg und sie fragte ihn, was die Asen machten. Da erzählte er, sie schießen alle nach Baldur und es schadete ihm nichts, und Frigg sagte, weder Waffen noch Pflanzen würden Baldur verletzen, denn sie hatten es ihr geschworen. Das Weib aber forschte weiter, ob alle Dinge das gelobt hätten und Frigg antwortete: „Ostwärts von Valhöll wächst eine Staude, der Mistelzweig, die dünkte mir zum Eide zu jung." Und als es das gehört hatte, ging das Weib fort. Loki riss die Mistel aus und begab sich auf den Ding. Da stand Hödr außerhalb des Kreises, denn er war blind. Und Loki fragte ihn, warum er nicht mit nach Baldur schieße. Er aber sagte, weil er nicht sehe wo Baldur sei und auch weil er keine Waffe habe. Da sprach Loki: „Tu wie die andern und ehre Baldur wie die andern; ich will dir weisen, wo er steht, schieß mit diesem Zweige nach ihm." Da nahm Hödr die Mistel und schoss auf Lokis Weisung nach Baldur und die Mistel durchbohrte Baldur und er fiel tot zur Erde. Da sahen sich die Götter an, aber keiner konnte vor Schmerz eine Hand rühren oder ein Wort sprechen. Alle wussten, wer das Unglück verschuldete, aber in Asgard war eine Friedstätte und auch die Verbrecher waren dort sicher. Endlich löste sich ihr Schmerz in Tränen und Frigg fragte, wer ihre Huld gewinnen und zu Hel reiten wolle, Baldur auszulösen. Da erbot sich Hermodr dazu, Odins kühner Sohn; er stieg auf Sleipnir und brauste davon. Aber Vali, der erst eine Nacht alt war, schwur sich nicht die Hände zu waschen, noch das Haar zu kämmen, bis er Baldur gerächt und er zog aus und erschlug Hödr. Aber Nannas Herz zersprang vor Schmerz, da sie Baldur, ihren Gemahl, auf den Scheiterhaufen legten.

Da aber Hermodr zu Hel kam und seine Bitte anbrachte, sagte sie, erst müsse sie sehen, ob Baldur so beliebt sei wie es heiße, ehe sie ihn herausgebe; wenn ihn alle Dinge beweinten, dann solle es geschehen. Da ritt Hermodr zurück und die Götter sandten die Nachricht durch die ganze Welt, auf dass Baldur beweint würde. Alle taten es, Menschen und alle lebende Wesen, Erde und Steine und Bäume und alles Erz, wie man noch sehen kann, dass diese Dinge weinen, wenn sie aus der Kälte in die Hitze kommen. Als nun die Überbringer heimfuhren und ihre Botschaft ausgerichtet hatten, fanden sie in einer Höhle eine Riesin sitzen, die nannte sich Thöck. Die bitten sie auch Baldur durch ihr Weinen von Hel zu lösen, sie aber aber antworte: „Thöck wird mit trocknen Tränen Baldurs Todesfahrt beweinen, vom Lebenden noch vom Toten genoss ich der Sühne. Behalte Hel, was sie hat!"

Da konnte nun Baldur nicht gelöst werden. Die Riesin aber soll Loki Laufeys Sohn gewesen sein.

Wir müssen uns vergegenwärtigen, dass wir in der Zeit des germanischen Glaubens stehen, wo der physische Inhalt dem ethischen weicht. Odin hatte vielen Seiten in seinem Leben, genauso wie die Dienerinnen der Frigg und Bragi ganz andere Wesen sind als die Götter der früheren Periode. Außerdem haben wir das Streben nach Abrundung in den Göttergruppen bemerkt. Wenn wir nun sehen, dass ein Gott als Halt des ganzen Kreises dasteht, als Anker, mit dessen Losreißung das Schiff der Götter und der Welt in den Strudel hinunterstürzt, so werden wir bedenken tragen, den Grund dafür in der physischen Eigenheit desselben zu suchen. Es muss uns anschaulich werden, dass in solcher Zeit der Geist bereits die Oberhand über den Stoff gewonnen hat, und dass er darum sein Hoffen und sein Verzweifeln auch nur an ethische Grundsätze knüpfen kann.

Baldur wird von den meisten als ein sanfter unkriegerischer Gott aufgefasst, und man hat daraus sogar auf seinen keltischen Ursprung geschlossen, weil man fühlte, wie wenig dies Wesen zu einer germanischen Gottheit passe. Indessen ist diese Auffassung falsch. Der Kern des Mythos und die Angaben der älteren Edda sind übersät mit Informationen und dafür einige Worte der jüngeren Edda als Stütze gebraucht, die hier wie an anderen Stellen das Christentum ihres Verfassers verrät. Diesem drängte sich die Ähnlichkeit zwischen Christus und Baldur in ihrem Tode auf, darum wurde der germanische Gott zum Besten der Götter gemacht, den alle loben, und in dessen Nähe keine Sünde zu finden ist. Baldur ist allerdings ein Friedensgott, aber ein germanischer Friedensgott, ein Sigufrit, der durch Sieg, das Schwert, zum Frieden dringt. Das beweist schon sein Name, er heißt der Gott der Kraft, seine Geliebte ist Nanna, die Kühne, sein Bruder Hermodr, der Heermutige, sein Sohn Brandr, das Schwert, der noch in Sigfrits Schwerte, Balmung, Sohn der Kraft, nachklingt. Von dem kriegerischen Wesen des Gottes sind noch genug Spuren vorhanden. Als Loki bei Ägirs Gastmahl die Frigg schmäht, beklagt sie, dass Baldur nicht mehr lebe, der sie nicht ungerächt lassen würde. Die in Dänemark und Deutschland nachklingende Sage von einem Brunnen, den Baldur seinem dürstenden Heere nach einer siegreichen Schlacht aus dem Boden schlug, zeigt ihn ebenfalls in heldenmäßigem Leben, und wenn wir auch Saxos Bericht nicht durchgehends auf Treu und Glauben annehmen können, so lässt sich doch aus seiner Darstellung der Kämpfe zwischen Balderus und Hotherus um die schöne Nanna auf Sagen schließen, welche den kriegerischen Sinn Baldurs vielfach verbürgten. Seinen Bericht, dass an dem Kampfe beider, auch die andern Götter teilnahmen, mag ich nicht ohne Weiteres verwerfen; es kann eine echte, wenn auch von dem eddischen Berichte abweichende Sage über den ganzen Vorfall sein.

Wie kam nun Baldur zu der Bedeutung, die er in der nordischen und ebenfalls auch in der deutschen Mythologie hatte? Der Friede, der durch den Asenbund unter den germanischen Göttern geschlossen wird, war nur durch den Kampf möglich geworden und Baldur war die Verkörperung dieser Versöhnung. Indessen war nur die Oberfläche des Wassers ruhig und still, in der Tiefe gärte und brandete es und bereitete sich zum Sturme vor. Die Götter ahnen den Untergang der Ruhe, Baldurs Tod liegt ihnen wie ein drückender Traum auf der Seele, denn das schwächste und kleinste Glied kann diesen Frieden zerstören. Loki erhält nun den völligen Abschluss seines ethisch-dämonischen Wesens, er wird der Gott der vergeldenden Abrechnung. Er stiftet den blinden Hödr zum Krieg auf; der Friedensgott fällt. Zwar erschlägt Vali, der Gott der Wahlstatt, auch den Hödr, in der blutigen Niederlage endet der Krieg; allein einmal verletzt und gebrochen ist Baldur unwiderbringlich verloren. Nanna, die edle Kühnheit, ist der blinden Raserei erlegen, Hermodr will vergebens den Frieden zurückführen, die Riesin Thöck, die Vergeltung, verhinderte es. Der heilige große Friede kann nur in einer neuen Welt wieder aufleben, darum schließt sich an seinen Tod der Untergang der Welt und der Götter und die sühnende Flamme durchglüht die befleckte Erde.

Diese Deutung des Mythos, mit der ich der von F. Magnussen und Uhland gegebenen entgegentrete, findet eine Bürgschaft ihrer Wahrheit in der Leichtigkeit, mit der sich ihr die Namen der beteiligten Götter anschließen. Jene verehrten Männer haben in dem Mythos eine Darstellung des Kampfes von Winter und Sommer gefunden und ihre Ansicht wird manchem durch die indische Sage vom Kampfe Indras und Vritras (oder Valas), welche A. Kuhn zugänglicher gemacht hat, gestützt scheinen. Welchen Anklang besonders unter den Sagendeutern mancher Gegenden diese Auslegung gefunden hat, beweist dies, dass man jetzt womöglich aus allen Sagen den Sommer- und Winterstreit herausfindet, ohne Rücksicht auf andere Züge und ohne zu Bedenken, welche Geistesarmut man dem Altertume damit beilegt. Ich räume, wie die vorliegende Arbeit bezeugt, der physischen Auslegung der Mythen ein bedeutendes Recht ein, allein ich will sie zu Gunsten anderer Sagenelemente beschränkt wissen und weise sie von dem Baldurmythos entschieden zurück. Das Hereinbrechen des Winters muss auf das lebendige Naturgefühl unserer Urväter einen bedeutenden Eindruck gemacht haben, allein durch den steten Wechsel und selbst durch die überlange Dauer des Winters abgestumpft, kann er nicht einen Mythos von der finstern Großartigkeit erzeugt haben, wie die mit der Baldursage eng verknüpfte Sage vom Weltuntergange ist. Der Sieg des Winters über den Sommer ist nur eine Vorbereitung der Zerstörung; diese Anschauung war in den drei zusammenhängenden Wintern gegeben! In dem Tode Baldurs und der Weltvernichtung waltet das Bewusstsein der sittlichen Schuld, welche an der Wiederherstellung der jungfräulichen Reinheit verzweifeln muss und ihr Ende nur im Tode sieht. So tritt denn Loki als Werkzeug der vergeltenden Gerechtigkeit auf, an sich rein und sühnend, wie sein Element, aber durch das Lebensgefühl, das sich gegen den Vernichter sträubt, verletzt und entstellt. Dazu wirkte besonders, dass er sich nicht unmittelbar gegen die schuldigen Götter wenden konnte, sondern erst die dazwischen stehende Gottheit des Friedens brechen musste. Dadurch erschien er selbst als Verbrecher und verfiel der Strafe für das verletzte Rechtsbewusstsein. Er musste flüchtig werden, wie die Männer, welche nach verübtem Morde den Wölfen gleich in die Öde entrinnen und erlag der Strafe und dem Tode, denn er war selbst schuldig geworden.

Wir folgen nun dem Berichte der Edda weiter, in dem diese Gedanken zu Tatsachen geworden sind.

Nach Baldurs Tode entrann Loki in das Gebirge und baute sich ein Haus mit vier Türen, so dass er nach allen Seiten hin sehen konnte. Oft wandelte er sich in einen Lachs und verbarg sich in Franangs Wasserfall. Da dachte er nach, was für ein Kunststück die Asen erfinden müssten, um ihn im Wasser zu fangen, und nahm Flachs und Garn und knüpfte Maschen und erfand das Netz. Da sah er, dass ihm die Götter nahe waren, Odin hatte ihn von seinem Hochsitze aus erspäht und da warf er das Netz in das Feuer, das vor ihm brannte und lief hinaus ins Wasser. Als aber die Götter zu dem Hause kamen, ging Kvasir, der Weiseste von allen, zuerst hinein und sah da im Feuer die Asche des Netzes. Da ahnte ihm, dass das ein Mittel sei, Fische zu fangen. Und er sagte es den Asen. Sogleich machen sie ein Netz nach dem Glimmenden, und als es fertig war, gehen sie zum Fluss und werfen das Netz in den Strudel. Thor hielt an dem einen Ende und am andern die andern Götter alle und so zogen sie das Netz. Aber Loki schwamm voran und legte sich zwischen zwei Steine. Da zogen sie das Netz über ihn weg und sie merkten wohl, dass etwas Lebendiges darunter war. Darum gehen sie zum Wasserfall zurück und werfen wieder aus. Nun binden sie auch eine schwere Last an, damit er nicht mehr darunter wegfahren könne. Da schwimmt Loki vor dem Netz, als er aber sieht, dass er dem Meere nahe kommt, springt er über den Spanner und schwimmt wieder hinauf. Nun haben ihn die Asen wirklich gesehen und sie fangen abermals vom Wasserfall an. Sie teilen sich in zwei Lager und Thor geht mitten im Fluss und so waten sie bis zur See.

Da sah Loki die Wahl zwischen zwei Lebensgefahren, entweder musste er ins Meer oder über das Netz springen. Da versuchte er dieses. Thor aber griff nach ihm und fasste ihn und drehte ihn in der Hand herum, bis er ihn am Schwanze hatte, deshalb sind die Lachse hinten so dünn. Nun war Loki friedlos gefangen und die Asen gingen mit ihm in eine Höhle. Da nahmen sie drei Steine und bohrten in jeden ein Loch und legen ihn über die Kanten. Seinen Sohn Vali aber wandeln sie in einen Wolf und er zerreißt seinen Bruder Nari. Mit dessen Därmen binden sie Loki über die drei Steine, an den Schultern, an den Lenden und an den Kniegelenken, und die Bänder wurden zu Eisen. Skadi aber, der er den Vater erschlagen hatte, nahm eine Giftschlange und befestigte sie über ihn, so dass ihm das Gift des Wurmes ins Gesicht tropfen musste. Sein Weib Sigyn jedoch steht neben ihm und hält ein Becken unter die Gifttropfen; wenn es aber voll geworden ist und sie es ausgießt, tropft das Gift unterdessen auf Loki. Da schüttelt er sich so heftig dagegen, dass die ganze Erde erbebt. Davon kommen die Erdbeben. Loki liegt aber in Banden bis zur Götterdämmerung.

Es ist wohl zu beachten, dass Loki in dieser Sage wieder ganz als Elementargott auftritt. Über seine Fischwanderung habe ich schon oben gesprochen und die Vermutung geäußert, dass sie ursprünglich zu einem andern Mythos gehören möge. Die ältere Edda kennt sie nicht. Nachdem Loki den ethischen Halt des Göttergebäudes vernichtet hat, kehrt er sich auch gegen den physischen. Darum legt er nun seine Rüstung als Elementargott, die er bisher noch nie ganz abgelegt hatte, wieder vollständig an, er rüttelt an den Grundfesten der Welt und erschreckt die Götter, bis der Tag des völligen Sturzes gekommen ist. Jacob Grimm hat in seiner „Deutschen Mythologie" nachgewiesen, wie in dem Glauben vieler Völker das Erdbeben von der Wut gefesselter Dämonen hergeleitet wird und wie diese Fesselung dem verhängten Untergange vorausgeht. Es sind diese Ähnlichkeiten Zeugnisse für die Grundverwandtschaft des Geistes aller Völker und es wäre verkehrt, wollte man unter anderem die Fesselung des Teufels in der Vorstellung des Mittelalters aus der Bändigung Lokis oder diese aus jener herleiten. Dieselben Gedanken müssen sich allgemein ähnlich entfalten und ich halte deshalb auch den nordischen Mythos von dem Weltuntergange und der neuen Welt für echt und frei von kirchlichen Einwirkungen, so viele Ähnlichkeiten sich auch zwischen der Schilderung des jüngsten Gerichtes und des feurigen Weltendes auffinden lassen.

Wir wenden uns nun der Erzählung des Weltunterganges zu. Nachdem drei

Winter einander ohne Sommer gefolgt sind, verschlingen die Wölfe Hati und Sköll, die Fenrir mit einer Riesin gezeugt hat, Sonne und Mond. Da erbebt die Erde, die Berge erzittern, die Fesseln lösen sich und die Bande springen. Da ist Loki und der Fenriswolf los, die Weltschlange steigt aus dem Meere, der Höllenhund Garmr sprengt die Kette und das Schilf Naglfar wird flott. Loki steuert es und fährt von Osten her mit den Scharen der Hel, von Süden herauf zieht mit Muspells Söhnen Surti (Satan), der mit tobendem Schwerte in der Feuerwelt saß, und Hrimr mit den Reifriesen kommt von Osten heran. Als Surtr mit seiner Schar über den Regenbogen reitet, bricht die Asenbrücke zusammen.

Der goldkammige Hahn hat die Helden in Valhöll geweckt; Odin hält Rat mit Mimis weisem Haupte, Heimdall stößt in sein Horn, da erbebt die Weltesche Yggdrasill und sie entzündet sich. Hundert Rasten (Längenmaß) nach allen Seiten streckt sich der Kampfplatz. Odin reitet den Göttern voran, neben ihm schreitet Thor. Der Götter und Menschen Vater sprengt auf den Fenriswolf ein, Thor kämpft mit der Weltschlange, gegen den Höllenhund streitet Tyr, gegen Loki Heimdall, aber Freyr wider Surtr, da fallen Tyr und Garmr, da erschlagen sich Loki und Heimdall, Thor zerschmettert die Weltschlange, aber ihr Gift hat ihn tödlich getroffen und der Erde Sohn stürzt zu Boden. Der Fenriswolf hat Odin verschlungen, da stürmt Vidar heran, er tritt mit seinem Schuh, der aus den Abgängen aller Schuhe in der Welt gemacht ist, in des Wolfes Rachen, er fasst seine Kiefern und reifst sie auseinander, da muss der Wolf sterben und Odin ist gerächt. Freyr ist gegen Surtr gefallen, und nun wirft dieser das Feuer über die ganze Erde, die Flamme schlägt zum Himmel, die Sterne verdunkeln sich und sinken hernieder und die Erde fällt in das Meer.

Als die Fluten den Brand gelöscht haben, steigt von Neuem die grüne Erde aus dem Wasser, Stromfälle brausen, reich an Fischen, und darüber schweift der Adler. Unbesät grünen die Floren, aller Schande ist gebüßt. Da kommen Baldur und Hödr und ziehen in Odins Siegeshallen ein, Vidar und Vali wohnen auf Idavöllr und Modr und Magni, Thors Söhne, führen den Hammer des Vaters.

Durch den Weltuntergang soll der Urzustand hergestellt werden. Der Kampf der Gegensätze, der sich in dem Chaos unvermittelt darstellte, muss zurückgeführt werden, damit sich der neue Weltzustand aus ihm erzeuge. Die Revolution erhebt sich, aus deren furchtbaren Wehen eine freiere Zeit hervorgeht. Wir sehen den Kampf zwischen dem Lichte und der Finsternis in unserm Mythos dreifach geführt, Odin wider den Wolf, Tyr gegen

Garmr, Freyr gegen Surtr. Die Sagen dreier Stämme müssen hier vereinigt sein; die Völuspa führt überhaupt nur die drei Götter Odin, Thor und Freyr namentlich an, gerade die Hauptgottheiten der drei skandinavischen Reiche, indem bekanntlich Thor für Norwegen, Freyr für Schweden, Odin für den dänisch-sächsischen Stamm Landgott war. Durch diese Vereinigung wird die einzelne Stammsage in die allgemeine nordische Staatsreligion verschmolzen und dadurch gerettet.

Thors Kampf mit der Weltschlange zeigt den Streit des ordnenden Erdgottes gegen die zerstörende Macht der Fluten; in Loki und Heimdall drückt sich der Kampf der vernichtenden Flamme wider die befruchtende Feuchte aus, obschon anfänglich wohl nur jener eben berührte Gegensatz der beiden Elemente darin ausgesprochen lag. So erscheinen die Götter, welche durch das Ungenügende und Befleckte ihres Wesens untergehen müssen, dennoch als diejenigen, für welche das Herz unwillkürlich Partei nimmt. Die Werkzeuge der Gerechtigkeit – Loki mit seiner Sippe, wie Surtr und Garmr – tragen das Merkzeichen, welches der Hass dem Mörder geliebter Wesen aufdrückt. Wir träumen Baldurs schwere Träume, wir reiten mit Odin zu der toten reifbenetzten Seherin, Sprache und Kraft schwindet uns bei Balders Mord, wir gönnen dem Loki seine Strafe, und doch müssen wir uns sagen, dass der Untergang hereinbrechen muss, sowie wir einem geliebten Sterbenden die Erlösung aus der Todesnot wünschen und ihn doch noch zurückhalten möchten und dem Tode bitter grollen.

Der Mythos von dem Weltuntergang ist das Großartigste, was der germanische Geist des Altertums schuf. Er zeigt aufs Deutlichste jenes fortwährende Ringen nach einer reineren und geistigeren Götterwelt, die sich in der ganzen Geschichte der germanischen Mythologie offenbart: erst die wüsten Elementarkräfte, dann bei der Weltordnung der Geist in seinem Ringen mit dem Stoffe, dann die vollkommene Oberhand des Geistes, aber entstellende Spuren des blutigen Kampfes, und nun sollen auch diese Flecken gesühnt werden und ein junges Göttergeschlecht an die Stelle der Väter treten. Wir müssen die Vorstellung vom Weltuntergang für das Erzeugnis zwar nicht der ältesten, aber doch einer noch vollkräftigen, von Fremden unberührten Zeit des germanischen Geistes halten. Die Einwände, welche dagegen gemacht werden, beweisen nichts. Von Anfang an kann die Idee des Untergangs der Welt nicht in den Göttersagen gelegen haben, denn sie widerstreitet der Kindlichkeit der frühesten Zeit und ist das Ergebnis eines vielfach bewegten kampfesreichen Lebens. Ebenso müssen wir uns gegen die Meinung erklären, in der Weltuntergangsage äußere sich das eindringen einer monotheistischen Lehre. Man hat sich an zwei Stellen der älteren Edda gehalten, wo von einem mächtigen Gotte, der da kommen soll, die Rede ist, ohne zu bedenken, dass die Idee dieses Richters sich dadurch bereits als ungermanisch und als christlich erweist, dass nach dem germanischen Mythos nichts mehr vorhanden ist, worüber er richten könnte. Das Gericht ist in dem Weltbrande bereits über die Schuldigen ergangen und die Sünden der alten Zeit sind gebüßt. Die hierher gehörigen Strophen der Völuspa und das Lied der Hyndla (letztere lehnen sich an Völuspa an) stellen sich überhaupt als Träger christlicher Lehren dar, indem die Seligkeitsfreuden, welche sie schildern, ganz andere als wahren Germanischen sind. Man hat aber auch übersehen, dass ausdrücklich eine ganze Reihe Götter aufgeführt wird, die in der neuen Welt an die Stelle ihrer Väter treten, Baldnr und Hödur, Vidar und Vali, Modi und Magni, neben ihnen wird noch der uralte Hoenir genannt; es sind sämtlich kriegerische und mutige Götter, welche einerseits meine Deutung des Wesens Baldur als dessen Genossen bestätigen, andererseits für die Verschiedenheit der germanischen neuen Welt von der christlichen sprechen. F. Magnussen hatte für jenen großen einzigen Gott den Surtr erklärt, wogegen sich bereits J. Grimm in seiner „Mythologie" ausgelassen hat. Näher geht uns hier die Ansicht Wh. Müllers an, Surtr falle mit Loki zusammen. Ich kann ihm nicht beistimmen. In dem Berichte der Edda treten beide durchaus auseinander: Loki ist vor Ragnarökr gefesselt, Surtr sitzt als Hüter in der Feuerwelt; jener kommt von Osten, dieser von Süden; Loki kämpft gegen Heimdall, Surtr gegen Freyr; Loki fällt, Surtr überlebt den Gegner und hüllt darauf die Welt in die lohende Flamme ein. Wenn nicht angenommen werden darf, dass auch ihn das Feuer vernichtet, so möchte ich aus einer deutschen Volkssage schließen, dass ihn Baldur bei seiner Wiederkehr von Hel besiegt. Eine Holsteinische Sage nämlich erzählt folgendes:

Wenn der Fliederstrauch zu Osten der Nordorfer Kirche so hoch gewachsen ist, dass ein Pferd darunter angebunden werden kann, wird in der ganzen Welt Krieg ausbrechen und alle Völker werden wider einander streiten. Der König aber, der am Ende alle bezwingt, wird mit seinem großen Heere von Süden her auch nach Holstein kommen und wird sich auf der Thienbütteler Kamp im Westen von Nortorf lagern. Da wird auch die große Schlacht geschehen und zwar in Monaten September und Oktober, wenn eben der Dünger für die Roggensaat auf das Land gefahren ist. Zu der Zeit wird über Holstein ein König herrschen mit weißem Haar. Sobald nun eilte rote Kuh über eine gewisse Brücke geführt ist, wird er auf weißem Rosse mit seinem Heere von Norden in solcher Fahrt heranstürmen, dass die Leute auf dem Felde kaum Zeit haben, vor ihm sich hinter die Düngerhaufen zu ducken, dann wird er sein Pferd an den Holunder binden und die Schlacht anfangen. Es wird ein langer und fürchterlicher Kampf sein, also dass das Blut längs der Wagenspuren auf den Feldern rinnt und die Kämpfer dann bis an die Knöchel darin waten. Wenn aber der weiße König mit dem andern gekämpft und ihn erschlagen hat, wird er den größten Sieg gewinnen. Dann wird ihm die ganze Welt zufallen und für lange Zeit überall auf Erden Friede herrschen. Von seinem eigenen Heere werden nur so wenige geblieben sein, dass jeder von einer Trommel essen kann und der König selber wird nach der Schlacht an der Trommel seine Mahlzeit halten.

Wir haben in dieser Sage augenscheinlich den Niederschlag einer norddeutschen Weltuntergangsmythe. Der König, der von Süden her kommt und alles besiegt hat, ist Surtr; der weiße König ist Baldur, dessen Friedensreich nach Surtrs Fall beginnt; es mögen sich in diesem Mythenkreise jüngere und ältere Sagen vielfach kreuzen. Surtr (Satan) halte ich für eine jüngere dem Loki (Luzifer) verwandte Gestalt. Seinem Namen nach heißt er der Schwarze und ist ein Gegensatz zu den Lichtgottheiten, weshalb er auch gegen eine solche kämpft; er scheint das Sinnbild des Rauches, aus dem die Lohe schlägt. Nachdem die glänzenden Gestirne herabgesunken sind, umhüllt er die Welt und die Flamme verzehrt sie. Am reinsten und einfachsten würde sich der ganze Mythos darstellen, wenn auf den Kampf der Lichtwesen und der Dunkelwesen nur noch der Streit von Loki und Heimdall folgte; in dem Tode beider beruhigen sich die feindlichen Elemente; die Sühne ist vollzogen und die Erde ersteht von Neuem. Dass der eigentliche Abschluss, welcher dem Loki zustehen sollte, auf Surtr übertragen wird, muss der späteren Ausbildung des Mythos zugeschrieben werden, indem Loki bereits zu befleckt für das eigentliche Rächeramt erschien.

*

In Allem was bisher von Loki erzählt wurde, zeigt er sich entweder geradezu als Naturgott, oder es leuchtet doch hinter dem ethischen Gewande, das er eingenommen hat, seine elementare Bedeutung erkennbar genug hervor. Dadurch erhält er sich trotz aller Bedeckung, die auf ihn geworfen wird, die innere Reinheit, denn selbst wo er schlecht und verderblich erscheint, hat er zum Hintergrunde die Gerechtigkeit, und wir müssen annehmen, dass nur das Herzlose der ihm übertragenden Aufgabe die betreffenden Mythen so gestaltet hat, wie sie uns überliefert sind. Es erscheinen aber andere Zeugnisse, bei denen sich diese Ansicht nicht durchführen lässt. In ihnen mangelt jener elementare Grund und das Ethische zeigt sich selbstständig abgelöst. Hier ist keine Spur mehr von dem weisen segnenden Gotte, hier sind die Folgerungen aus dem Todes- und Vernichtungsamt mit aller Bitterkeit ohnmächtiger Opfer gezogen, hier ist Loki der Unsittliche und der sich selbst wegwirft. So erscheint er zunächst als das Sein der Unsittlichkeit, als das böse Gewissen, das den Göttern ihre geheimsten Sünden vor Augen hält. Dramatisch führt uns dies das Eddalied Lokaglepsa oder Lokasenna (Lokis Beißen oder Zank) vor.

Die Götter sind bei Ägir zu einem Gastgelage versammelt. Da kommt Loki hinzu und fragt vor der Halle Ägirs Diener Eldir, was die Götter darinnen sprechen. Eldir antwortet: „Von ihren Waffen sprechen und ihrem Kriegsruhm der Sieggötter Söhne. Keiner der Asen und Alfen, die drinnen sind, ist dir Freund." Loki entgegnete: „Hinein will ich gehen, das Gelage zu schauen. Streit und Hader bringe ich den Asen und mische ihnen den Meth mit Schaden." Darauf ging er in die Halle; als ihn aber die Götter sahen, schwiegen sie. Da sprach er: „Durstig von langem Wege kam ich, um einen Trank des herrlichen Methes zu bitten. Warum schweigt ihr verstockt? Sitz und statt gebt mir oder heißt mir von Dannen gehn." Da sprach Bragi: „Sitz und statt gehen dir die Götter nie beim Gelage, denn sie wissen, wem sie das fröhliche Mahl gönnen sollen." Loki wendet sich darauf an Odin: „Gedenkst du daran, Odin, wie wir Blutbrüderschaft im Zeitenanfang machten? Vom Bier, schwörst du, würdest nie du kosten, würde es nicht mir zugleich geboten." Da sprach zu Vidar: „Steh auf und lass des Wolfs Vater sitzen, damit uns Loki in Ägirs Halle nicht schmähe." Und Vidar erhob sich und schenkte dem Loki ein; ehe dieser aber trank, grüßte er die Götter: „Heil euch Asen, heil euch Asyanen und euch hochheiligen Göttern! Der allein sei ausgenommen, der drinnen auf den Bänken sitzt." Da sprach Bragi: „Ross und Schwert gebe ich dir und mit einem Ringe büßt es dir Bragi, damit du den Göttern nicht mit Hass entgeltest. Erzürne sie nicht." Loki: „Ross und Ring mangle dir immer. Der Vorsichtigste von Asen und Alfen bist du im Kampf und der Scheueste beim Schuss." Bragi: „Wäre ich draußen mit dir, dein Haupt würde ich in der Hand tragen, das würde ich dir für die Lüge zahlen." Loki: „Tapfer bist du, wenn du sitzest; du solltest nicht so sein, Bragi, du Bankschmuck. Geh zum Kampfe, wenn du zornig bist; ein Kühner bedenkt sich nicht." Da sprach Idun: „Bei den Kindern und allen Wünschelsöhnen bitte ich dich,

Bragi, greife Loki nicht mit Schmähungen in Ägis Halle an: Loki: „Schweig, Idun. Die Manntollste bist du, denn um des Bruders Mörder schlangst du die leuchtenden Arme." Idun: „Nicht schmähe ich Loki, Bragi beruhige ich, den Biererregten; ich will nicht, dass ihr im Zorne streitet." Da sprach Gefion: „Warum wollt ihr euch verletzen? Loptr weiß nicht, dass er zum Spott wird, des Todes Ahnung treibt ihn." Loki: „Schweig Gefion. Ich denke daran, wie der glänzende Jüngling zur Lust dich verlockte, der einen Schmuck dir gab; da umschlangst du ihn." Odin: „Rasend bist du und aberwitzig, Loki, dass du mit Gefion dich verfeindest. Sie weiß gleich mir alle Weltgeschicke." Loki: „Schweig, Odin, nie verstandest du den Kampf unter den Männern zu verteilen. Denen gabst du oft den Sieg, denen du ihn nicht geben solltest." Odin: „Du aber warst acht Jahre unter der Erde als milchende Kuh und als Weib, und Kinder hast du dort geboren. Das ist eines argen Art." Loki: „Doch von dir, Odin, sagt man, du habest auf Samsey (Insel) Zauberei getrieben. Hexen gleich kopftest du an die Türen, als Wahrsager fuhrst du durch der Menschenscharen. Das ist eines argen Art." Da rief Frigg: „Redet von eurem Leben nie vor den Menschen. Was ihr vor Zeiten begunget, die alten Taten sollen den Männern fremd bleiben." Loki: „Schweig, Frigg. Du bist Fiörgyns Tochter, immer warst du geil. Vidris Weib bist du und hast doch Vei und Vili an den Busen gedrückt." Frigg: „Wisse, hätte ich noch einen Sohn der Baldur gliche, nicht kämst du hinweg und du hättest zu kämpfen." Loki: „Du willst, Frigg, dass ich noch mehr der Schandreden spreche. Ich waltete darüber, dass du Baldur nicht mehr zu den Sälen reiten siehst." Freya: „Rasend bist du, dass du unsere Schande erzählst. Frigg weiß alles, wenn sie auch schweigt." Loki: „Schweig, Freya. Dich kenne ich genau, du bist nicht fleckenlos. Jeder der Asen und Alfen hat mit dir gebuhlt." Freya: „Heimtückisch ist deine Auge, am liebsten redest du Böses. Asen und Asynnen grollen dir, traurig wirst da heim fahren." Loki: „Schweig, Freya. du bist eine Hexe und mit Schandtat viel befleckt; gegen den Bruder bezaubertest du die freundlichen Götter." Niördr: „Wenn auch die Frauen mit einem andern buhlen, das ist ein kleines Unglück. Ein Wunder ist, dass der Arge herein kam, der Kinder gebar." Loki: „Schweig, Niördr. Du warst als Geisel gen Osten zu den Götter geschickt, da hatten dich die Riesinnen zum Nachttrog." Niördr: „Mein Glück war es, dass ich als Geisel zu Göttern kam. Da zeugte ich den Sohn, den niemand hasst und der der Götter Krone dünkt." Loki: „Höre nun auf, Niördr. Nicht will ich es länger verhehlen, mit deiner Schwester zeugtest den Sohn, der ebenso schlimm ist wie du." Tyr: „Freyr ist der beste in

Asgard. Kein Mädchen, keine Frau betrübt er, einen jeden löst er aus den Nöten." Loki: „Schweig, Tyr. Nie kannst du unter zwei das Gebührende verteilen. Der rechten Hand gedenke ich, die Fenrir dir abbiss." Tyr: „Der Hand entbehre ich, aber du des Wolfes. Ein Leid ist beides; auch er Wolf hat keine Freude, denn in Fesseln muss er der Götterdämmerung harren." Loki: „Schweig, Tyr. Deine Frau bekam ein Kind von mir. Elle noch Pfennig bekommst du je für diese Schmach." Freyr: „Einen Wolf seh ich vor eines Flusses Mündung liegen, bis die Sterne sich lösen. Demnächst sollst du Bosheitsschmied gebunden werden, wenn du nicht schweigst." Loki: „Mit Gold ließest du Gerdr, Gymis Tochter, erkaufen und dein Schwert gabst du zu. Wenn aber Muspells Söhne durch den schwarzen Wald reiten werden, dann weißt du Unseliger nicht, wie du kämpfen sollst." Beyggvir (Dienerin Freyas): „Wisse, wäre ich edles Geschlechtes wie Freyr und hätte ich so glänzenden Sitz, dünner als Mark zermalmte ich dich Schandkrähe und zerschlüge dir alle Glieder." Loki: „Was ist das für ein kleines Ding, das ich da lungern sehe, und das nach Bettelbrot schnappt? Bei Freys Ohren wirst du immer sein und unter den Mühlen wirst du krächzen." Beyggvir: „Beuger heiße ich, schnell nennen mich alle Götter und Männer. Den Ruhm habe ich, dass alle Söhne Hropts (Odin) zu gleicher Zeit das Bier trinken." Loki: „Schweig, Beyggvir. Das Mahl kannst du nicht verteilen. Im Bettstroh selbst konnten sie dich nicht finden, als die Männer kämpften." Heimdall: „Trunken bist du, Loki; den Verstand verlorst du, warum lässt du nicht ab, Loki? Wer nicht weiß, dass er schwatzt, ist betrunken." Loki: „Schweig, Heimdall. Dir wurde das leidige Los bestimmt, am feuchten Ufer zu sein und als Hüter der Götter zu wachen." Skadi, Niördrs Frau: „Leichtsinnig spielst du, doch nicht lange wird es währen, denn an ein Schwert werden die Götter dich mit des reifkalten Sohnes Därmen binden." Loki: „Dagegen wisse, der erste und wütendste war ich als wir Thiassi schlugen." Skadi: „So komme stets dir kalter Rat von meinem Hause und meiner Flur." Loki: „Freundlicher warst du gegen Laufeys Sohn, als du ins Bett mich ludest. Solches erwähnen wir, wenn wir durchaus der Schande gedenken sollen." Darauf kam die Dienerin Beyla, brachte dem Loki Meth und sprach: „Heil dir, Loki. Nimm den Becher voll altes Methes. Lass doch die eine unter den Göttern unbeschimpft." Da nahm Loki du Horn, trank daraus und sprach: „Du wärest es, wärst du vorsichtig und den Männern Gram gewesen. Einen Nebenbuhler weiß ich des wetternden Gottes, das ist Loki." Beyla: „Die Berge beben, Hlörrdi (Thor) kommt heim. Dem wird er Ruhe schaffen, welcher alle hier schmäht." Loki: „Schweig Beyla. Du bist Beyggvis Weib und mit Schande befleckt. Ein größeres Scheusal kam nie zu den Asen, voller Schmutz bist du." Da kam Thor und sprach: „Schweig, du arger Wicht. Mein Hammer soll dir die Rede benehmen. Die Schulternklette schlage ich dir vom Halse, da ist es um dein Leben geschehen." Loki: „Der Erde Sohn ist gekommen. Was zankst du, Thor? Keinen Mut hast du, sollst du mit dem Wolfe kämpfen, der den Siegvater verschlingt." Thor: „Schweig. In die Höhe gen Osten werfe ich dich und niemand sieht dich mehr." Loki: „Von den Ostfahrten solltest nie du sprechen, seit du in des Handschuhs Däumling dich verkrochst und nicht wusstest, dass du Thor heißt." Thor: „Schweig, du arger Wicht. Mit dem Hrungnistöter schlage ich dich, dass alle Knochen dir brechen." Loki: „Lange denke ich zu leben, wenn du auch mit dem Hammer mir drohst. Hart dünkten dir Skrymis Riemen zu sein und nicht konntest du zur Reisekost kommen. Bei gesundem Leibe verkamst du vor Hunger." Thor „Schweig, du arger Wicht. Hrungnis Töter soll dich in die Unterwelt vor das Leichengitter bringen." Da sprach Loki: „Ich redete vor Asen und Asynnen, wozu die Lust mich trieb; vor dir allein soll ich hinaus gehen, denn ich weiß, dass du zuschlägst. Ein Biergelag machtest du Ägir, aber nie wirst du mehr ein Zechen bereiten. All dein Eigen überspiele die Lohe und brenne dir auf den Rücken"

Es lässt sich nicht leugnen, dass dieses Eddalied, besonders beim ersten Lesen, einen höchst unangenehmen Eindruck hervorbringt, denn die Götter erscheinen sämtlich von der elendsten Seite und der breite skaldisch gefärbte Ton des Gedichtes trägt alles dazu bei, dies noch fühlbarer zu machen. Indessen ist Lokasenna ein notwendiges Glied in der Reihe der mythologischen Denkmäler, denn es zeigt am deutlichsten, dass der Götterkreis untergehen musste. Überdies enthält das Gedicht viele wichtige Beiträge zur Geschichte der einzelnen Gottheiten, wie wir auch manches für die Erkenntnis des ältesten Wesens Lokis aus ihm haben ziehen können. Die Götter sind durch ihr Schuldbewusstsein völlig ohnmächtig, Loki ist dieses objektivierte Gewissen.

Über die Unkeuschheit, die Loki selbst eingesteht, habe ich schon früher gesprochen. Sie ist die verschlechterte Nutzung seiner göttlichen Zeugungskraft. Nach der Erklärung, welche in der Kopenhagener Ausgabe der älteren Edda von den Strophen des Fiölsvinsmal gegeben wird, erscheint auch in ihnen Loki unzüchtig. Ich weiß es nicht, denn ich verstehe diese Strophen nicht. Wie leicht der Begriff des zeugenden Naturgottes in den einer unzüchtigen Gottheit ausarten kann, ist an sich klar und wird durch die Religionsgeschichte aller Völker bestätigt. Aphrodite Pandemos, der orientalische Mars und Herakles, so wie Moloch, sind hinreichende Belege. Auch diese Seite ist also bei Loki eine notwendige Weiterbildung seines ältesten Wesens.

Die Götterbildungen des Altertums dürfen sich im Ganzen keiner großen Zartheit rühmen. Die germanischen Gottheiten, die überdies, aus einer rauben und schroffen Natur herauswachsen, sind hart und gewaltig und nur selten überfliegt sie ein milder Zug. Es wird kein Maß gehalten und so ist auch der Scherz ein wilder und roher, wie er noch hier und da in unserm Volksleben auftaucht. Loki, der gewandteste und listigste der Götter, ist natürlich der Spaßmacher, sobald man eines solchen bedarf. So erscheint. er bei der Buße, welche die Götter der Tochter Thiassis, Skadi, für ihren Vater leisten. Skadi war mit Helm und Panzerung nach Asgard gekommen, ihren Vater zu rächen. Da boten ihr die Götter Buße und Versöhnung, und zwar solle sie sich einen Gemahl aus ihnen wählen; sie durfte aber nicht mehr von ihm sehen als die Füße. Da wählte sie Niördr, der sehr glänzende Füße hatte, denn sie meinte, es sei Baldur. Und weiter verlangte sie, die Asen sollten sie zum Lachen bringen. Da knüpfte Loki ein Band an den Bart einer Ziege und das Ende an seine Scham und er zog und die Ziege zog und beide schrien dabei. Zuletzt fiel er auf Skadis Schoß; da lachte sie und die Buße war geleistet.

Possenreißer und Gaukler sind in einer Person. Loki, der sich vielfach verwandeln kann, dem auch in seiner niedrigsten Erscheinung eine bedeutende Macht zusteht, zeigt sich daher auch als Gaukler. So tritt er in der Sage von Utgardaloki auf und gewiss noch in vielen andern, die uns verloren sind. Wer die Verachtung kennt, in welcher Leute dieser Art bei den Germanen standen, sieht auch die Herabwürdigung ein, in die Loki durch diese Eigenschaften verfallen ist. Er ist ein Glied der rechtlosen „Varenden Diet", der Hofnarr von Asgard, der den König, Herrn Odin, durch Klatschereien und Possen unterhält, der Böses anstiftet wo er kann, und über dessen Verlegenheiten, in denen er heult und weint, sich alle freuen. So hat er keine Spur mehr von dem menschenschaffenden Lodr, noch von dem mächtigen Herrn des Feuers, der im Schosse der Erde den Kräften gebietet, der als Sturm durch die Lüfte braust und dessen Kind, das Meer, wie eine Schlange die Erde umwindet. Ein solches unwürdiges Wesen muss, da es einmal im Kreise der Götter ist, als der Urheber aller Schändlichkeiten auftreten. Es wird berichtet, dass Loki, nachdem er ein halbgares Menschenherz gegessen hat, mit einem schlechten Weibe alle Scheusale erzeugte. Der ganze Vorfall ist dunkel und nur eine Anlehnung zeigt sich, auf die wir weiterhin zurückkommen. Wir erinnern uns dabei einer Finnischen Sage, nach welcher von Launawatar neun Knaben geboren wurden, Werwolf, Schlange, Risi (?), Eidechse, Nachtmahr, Gliedschmerz, Gichtschmerz, Milzstechen und Bauchgrimmen, eine Sippschaft, die überdies teilweise an Fenrir und die Weltschlange erinnert.

*

Zum Schlusse dieses Teils der Untersuchung muss noch des Saturuns gedacht werden, der bei Gregorius Turonensis 2, 29 und Galfredus Monemut, 6 S. 43 neben Jupiter, Mars und Mercurins als deutscher Gott aufgeführt wird und bei dem an Loki gedacht worden ist. Die wichtigsten Zeugnisse sind der Ortsname Saeteresbyrig und der Pflanzenname Satorlade, denn die Benennungen des Sonnabends Saeteresdäg, Saterdey, Saterdach sind doch wohl aus *dies Saturni* entstanden. Bei jenen Namen drängt sich allerdings die Vermutung eines angelsächsischen Saetere (Insidiator) auf, ob aber derselbe nicht eher von Anfang an auf den Satan als auf Loki zu beziehen sei, wage ich nicht zu bestimmen. Sehr bedenklich scheint mir die nordischen Namen des Sonnabends Laugardagr, Lögerdag, Löverdag als ursprüngliches Logadagr zu deuten. Mir ist überhaupt die Berührung von Saturn und Loki nicht einleuchtend und ich wüsste nicht, weshalb die Chronisten gerade diese Götter mit einander vertauscht haben sollten. Wären Cäsars Angaben über deutsche Verhältnisse mehr zu trauen, so würde uns der Vulcanus, den er neben Sol und Luna als die einzigen bestimmten Gottheiten aufführt, weit sicherer auf Loki führen als der Saturnus der Chronisten, bei dessen scheinbaren Haltpunkten auf deutschem Boden die slavischen Einflüsse stark einzufließen scheinen.

II. Nachklänge:

Wir verlassen nunmehr das Land der Göttersage und wenden uns jenen helldunkeln Gegenden zu, in denen statt der Götter Helden und Tiere wandeln. Zuletzt weilen wir bei den heidnischen Trümmern, welche sich bis in unsere Tage erhalten haben und sehen zu, ob sich in ihnen noch Spuren und Erinnerungen an Loki nachweisen lassen. Die Untersuchung wird von jetzt ab schwieriger und schlüpfriger und es wird nötig, gleich am Anfange des Pfades die Verwahrung niederzulegen, dass ich an keine grobe Identifikation der Götter mit den Helden und Tieren denke, sondern dass ich nur auf die Ähnlichkeit der Gedanken in einzelnen Gestalten dieser Sagen und in den Göttern aufmerksam machen will. Das halte allerdings auch ich fest, dass die ältesten Heldensagen ein Niederschlag des Göttermythos sind; allein ich meine, dass die Menschwerdung der Gottheiten der Sage einen solchen neuen Entwicklungstrieb einbrachte, dass der ursprüngliche Kern nicht nur überwuchert, sondern auch großenteils innerlich verändert wurde, sodass entweder nur ganz allgemeine Züge blieben oder gar nur hier und da Nebenzüge bewahrt werden, welche an die Verwandtschaft mahnen. Mit der Tiersage verhält es sich noch ganz anders, wie sich weiterhin dartun wird; festern Boden gewinnen wir wieder bei Manchem, was das Volk bis heute bewahrte.

1. Bei der Sage von Ottars Wehrgeld hatten wir Gelegenheit auf den Zusammenhang dieses Mythos mit der Nibelungensage aufmerksam zu machen. Loki, der Geist, welcher den Tod und das Gold birgt, zeigte sich als die treibende Kraft der Begebenheit und legte durch den Fluch, den er ausspricht (Andvari) den Keim zur weiteren Entwicklung. Es lässt sich dabei sicher annehmen, dass er seine düstere Macht auch in der Nibelungensage äußert, zumal dieselbe überall auf einen Göttermythos als Grund hinweist. Die Hauptgestalten der Sage sind Sigfrit und Hagen. Dem ersteren lässt sich am sichersten, wie es auch Lachmann getan hat, mit Baldur vergleichen, dem düstern Hagen, dem Nibelung und Alp, vergleiche ich mit Loki, den elbischen König der nebelvollen Unterwelt. Wir sahen Loki in der Ottarssage mit Odin und Hoenir verbunden, die ich dem Gundahari und Gislahari vergleiche; zu Odin stelle ich den kriegerischen königlichen Günther, zu dem leuchtenden Schützen Hoenir den Strahlenherrn und Geergenossen. Zu beachten ist, dass auch Odin Todesgott ist und mehrfach dem Völsungengeschlechte feindlich erscheint. Selbst Gunnars Name Geirniflungr könnte passend sein. Vergleiche im Gange der beiden Sagen weise ich von der Hand; darin stimmen sie aber augenscheinlich überein, dass sich an den Tod der beiden Helden, Sigfrits wie Baldurs, der Untergang ihres Geschlechtes knüpft. In den Kämpfen hierbei mache ich auf einen Punkt besonders aufmerksam. Im Ragnarökr kämpft bekanntlich Loki gegen Heimdall. Indem dieser Gott auch den Namen Irinc führt, werden wir versucht, in dem Markgrafen Irinc von Dänemark einen Anklang an jenen Gott zu finden. Die Episode von Hagens und Irincs Streit, der mit des Markgrafen Tode endet, erinnert an jenen Kampf Lokis und Heimdalls. Wer weiß, ob nicht in ältester Sagengestalt auch Hagen fiel? Mir drängt sich hierbei auch die Erinnerung an den

Kampf Hagens und Wates in den Gudrunliedern auf. Wate stelle ich überhaupt mit Heimdall zusammen und halte den Namen für die deutsche Benennung des Gottes. Wate ist der Sohn der Meerminne Wakhilt, gleichwie Heimdall von Meerfrauen stammt; er ist tapfer bis zur Wildheit und führt ein Horn, bei dessen Schalle das Land erbebt und das Meer erbraust. Das ist Heimdalls welterschütterndes Horn, dessen Tapferkeit und Weisheit sich also auch in Wale, dem erfahrenen kundigen Meister wieder findet. Auch die Todesart Wates, welche die Vilkinasaga erzählt, ist wohl zu beachten: er wird nämlich von einem Berge, den ein Unwetter losreißt, erschlagen. Ist das nicht die unverhüllte Natursprache, welche im Kampfe Heimdalls und Lokis, des erderschütternden Wettergottes, zur mythischen Darstellung gelangt?

Wenn wir also Wate dem Heimilall gleichsetzen, so haben wir von dem Kampfe gegen Loki-Hagen einen dreifachen Bericht, der sich nach dem Zwecke der Sage, die ihn aufnahm, gestaltete. In dem Ragnaröksmythos fallen Heimdall und Loki, in der Nibelungenot wird Irinc, nachdem er Hagen verwundet, von dessen Geer durchbohrt; im Gedichte von Gudrun bleiben beide, obschon verwundet, am Leben. Der Hagen der Gudrunsage, der Valant aller Künege, der wilde gewaltige Kämpfer, hat etwas Düsteres und Übermächtiges, das wohl Hagen dem Nibelung vergleichen lässt. Das Halsband, welches Hilde, Hagens Tochter, dem Vater zur Sühne bietet, nachdem er sie auf den Orkney Inseln eingeholt hat, kann eine dunkle verlorene Erinnerung an den Grund des Kampfes der beiden Götter sein. So erhielte die Verknüpfung der Gudrunsage mit dem Mythos von dem Raube des Brisingamens noch etwas für sich; nur ist sie ungeschickt gemacht und kann in ihrer vorliegenden Gestalt vor der Kritik nicht bestehen. Einen weiteren Vergleich der beiden Sagen hat keinen Inhalt. Nur einzelne Züge finden sich in beiden gemeinsam und geben ein Zeugnis, dass der Geist der Sage in seinen verschiedensten Ausstrahlungen wenigstens auf Augenblicke in denselben Farben spielt. Durch alle Variationen hindurch tönen einzelne Klänge und Gänge der Urmelodie, welche in der Luft herumschwebend von dem Tonreigen angelockt und in die Kette verschlungen werden.

Thorkelin und Jac. Grimm haben den aus dem Beovulf-Liede bekannten Grendel mit Loki verglichen. Er ist bekanntlich ein Meerungeheuer, das in grausiger finsterer Meerbucht mit seiner Mutter, der Seewölfin (merevif, brimwylf, grundvyrgen), haust und nächtlicher Weile die Männer aus der Königshalle raubt. Er und seine Mutter sind sicher gegen menschliche

Waffen, es sind durchaus mythische finstere Meergeister. Grendels Namen hat Grimm zu ags. grindel, ahd. krintil Riegel, erklärt und hat aufmerksam gemacht, wie dieser Begriff zu dem Namen Lokis, so wie zu dem Worte Helleriegel, dem Namen eines teuflischen Wesens, stimmt. Auch das altn. trami, das ein riesisches Gespenst zu bezeichnen scheint, so wie das schwed. Trolltram, eine Benennung des Teufels, gehören zu diesem Wortgeschlechte. Grimm führt weiter an, dass nach jütländischem Aberglauben der Teufel in Gestalt eines lässeträ, d. i. eines Windebaumes mit dem man Lasten festigt, gedacht werde. Zu dieser Vorstellung stillt sich eine schlesische Sage.

Ein Weber und und Scharfrichter gingen durch einen Wald. Da kamen sie an eine große Eiche, die sie noch nie vorher gesehen hatten, so oft sie auch den Weg gegangen waren, und als sie an ihr vorüber waren, kam hinter ihnen Kettenrasseln und Lärm aller Art her. Der Scharfrichter gab aber dem Weber den Rat, sich nicht umzuschauen und beide eilten was sie konnten dem nächsten Grenzbaume zu, wo sie Ruhe fanden. Sie hatten indessen den Weg verfehlt und der Scharfrichter stieg auf einen Baum, um zu sehen, wo sie seien. Weil er sich aber nicht zurecht finden konnte, warf er seine Mütze aufs gerade Wohl fort. Wohin sie fliege, dort hin wollten sie gehen. Da gingen sie der Mütze nach und kamen endlich an eine einsame Schenke, worin ein altes Weib die Wirtin war. Sie baten um Nachtherberge und erhielten einen Platz in der Helle, die Alte sagte ihnen aber, dass es in der Nacht nicht hier unheimlich sei. Als es nun gegen Elf kam, gingen die Gäste fort und bald darauf drängten sich eine Menge Gestalten in die Stube, Ottern und Schlangen und zuletzt kam ein Wiesebaum, eine große Stange. Da sprang der Scharfrichter hervor, packte den Wiesebaum und rief: „Wart! Dich will ich kriegen!", und hast du nicht gesehen, nagelte er ihn an die Wand. Da kam die Alte herein und weinte vor Freude, denn der Wiesebaum war ihr gebannter Sohn, der lange hatte umgeben müssen und nun erlöst war. Er war auch die Eiche im Walde gewesen. Am andern Morgen führte nun die Wirtin die beiden Reisenden in den Keller und da konnten sie sich so viel Geld einstecken, wie sie wollten und darauf sind beide fröhlich weitergewandert.

Auch hier tritt ein gespenstisches Wesen in Gestalt eines festigenden Balkens auf; Knüttel, Stangen und Riegel scheinen also durchgehende Namen für böse Geister zu sein. Das erinnert an die Benennungen der Götter: Asir, Höpt und Bönd – Balken, Hafte und Bänder, in denen das Zusammenhalten und Tragen der Welt ausgedrückt ist. Die Worte teilten sich den Göttern gleich in zwei Ordnungen, deren böse und finstere zuweilen durch die Verbindung mit Hel und Tröll näher bestimmt wurde, zuweilen aber gleich As und Hapt unverbunden auftritt. Riegel und Stange sind also Geschlechtsbezeichnungen und es wäre ebenso unzulässig, Loki für dasselbe Wesen mit Grendel oder dem Lässeträ und dem Wiesenbaum zu halten, als wenn man den As Odin und den As Thor wegen des Wortes As zusammenwürfe. Bei Loki im besonderen ist der Name Riegel (Ioka) nur verwandt und die Zusammenstellung mit Grindel, Tremil und Helriegel ist nur eine mittelbare.

Wahrscheinlich ist in den Riesen Ecke und Fasolt, die Brüder Logis, Ägir und Bylleystr wiederzufinden, möchte man Logi in Abantrot suchen. Wir wissen zu wenig von ihm, um die Vermutung zur Gewissheit zu erbeben; allein die lohende Abendröte, an welche sich die Nacht schließt, ist wohl ein Grund, aus dem die Gestalt des feurigen Gottes, des Ahnherrn der Nacht, heraussteigen kann. Tagarot wäre ein Sohn der Nacht, wie in der Tat Dagr Sohn der Nött heißt. Aus der nordischen Heldensage klingt hier an, dass Högni der Ylfing einen Sohn Dagr hat.

2. In den Mythen begegnet häufig der Zug, dass die Götter sich in Tiere wandeln oder dass sie tierische Gliedmaßen an sich tragen. Die Tiere haben demgemäß ein Recht auf einen Platz in der Mythologie und derselbe wird ihnen je tiefer und breiter die Forschungen werden, immer ausgedehnter zukommen. Ist es aber bei irgendeinem Teile der Sagenmasse nötig, die heutige Anschauungsweise mit ihrer Nüchternheit und ihrem Mangel an poetischen Gefühle zu verlassen, so ist es hier der Fall. Wir müssen uns die völlige Hingabe des Altertums an die sinnlichen Eindrücke und die äußere Welt überhaupt vergegenwärtigen, um richtig über die Tiersage zu urteilen. Für jede geistige Wahrnehmung sucht es die Verkörperung, für jede Kraft den Träger; da musste sich die Tierwelt von selbst darbieten, deren sinnliche Ausstattung weit reicher, als die der Menschen ist. Die Tiersage ist ein Ausdruck der großen unschuldigen Freude an dem engen Zusammenhange alles Geschaffenen, aus ihr spricht die Ahnung, dass im Tiere ebenso ein Geheimnis walte, wie im Menschenleben, und sie vor allem drängt zu der Bemerkung, welche Feinheit des Gefühls sich in der Kindlichkeit birgt. Was wir erst nach langer Wanderung auf den mühseligen Wegen der Lehrlingswelt erreichen, was so vielen vor dem Staube dieser Straßen nie erkennbar wird, dass nichts in der Welt ohne Bedeutung und göttlichen Hauch ist, das bot sich dem frischen Gemüte der Vorzeit von selbst dar, wie die Blume des Feldes. Das erkennt noch heute der

geheimnisvolle unschuldige Sinn des Kindes wie des jungfräulichen Weibes. Die Sprache dieses Gefühls ist eine kindliche und naive, sie verschmäht die vermitteln Umschreibung und sucht nicht Ähnlichkeiten, sondern lässt was ihr ähnlich scheint unmittelbar in einander übergehen. Der Gott des Wassers wird zum Fische, der Luftgott zum Vogel und Rosse, der Zeugungsgott zum Stiere. Sah nun die Vorzeit, das stille Geheime und Gewaltige dem Menschentreiben entsprechende Leben der Tierwelt, sah es die einzelnen Tiere im Gebirge und in der Heide schweifen, oft kräftiger und listiger als die Menschen, so drängte es sie im Gefühle, dass hier etwas sei, das sich über die Begriffskraft stelle, zu der Frage, ob nicht das Tier die Verwandlung eines Gottes sei. Also entsprang die Scheu die Namen der bedeutenderen Tiere auszusprechen und die Gewohnheit sie zu verstümmeln oder Umschreibungen zu gebrauchen, daher die Tierverehrung, welche bei vielen Völkern lange gewuchert hat.

Wie von den Göttern in ihrer reinen göttlichen Gestalt so mussten sich auch von den tiergestaltigen Sagen bilden. Solche Mythen halte ich für den Ausgangspunkt unserer Tiersage. Freilich blieb die Sage bei ihnen nicht stehen, sondern bildete sich in der Freude und Behaglichkeit der Erzählung weiter, so dass viele ihrer Teile aus andern als dem mythischen Boden hervorgegangen sind. Dazu kommt die Ähnlichkeit der Tiersage mit der Heldensage in ihrer Geschichte. Beide fußen in den Göttermythen, sind aber ihren Hauptteilen nach jünger. Die Tiersage wurzelt also auf den Trümmern der Götterwelt und ist dort am üppigsten, wo diese Trümmer am längsten offen lagen. Hieraus erkläre ich mir das Fehlen der Tiersagen im alten Norden. Die Göttersage ward hier weit unmittelbarer von dem Christentum aufgehoben als in fränkischen Landschaften. Darum ist es im Norden nur zu den Anfängen des Tierepos, den umschreibenden und mythischen Namen der Tiere gekommen; was von Reinhart, was vom Wolfe und dem Bären anderwärts erzählt wird, das knüpft sich dort noch an Loki, Thor und andere Götter.

Es liegt nicht in meiner Absicht, unser Tierepos Zug für Zug durchzugehen, um die mythischen Bestandteile nachzuweisen; hoffentlich wird das noch einmal der verehrte Mann tun, welcher in diesen Forschungen Meister ist und es bereits für den Fall einer zweiten Behandlung des Reinhart Fuchs geheißen hat. Ich begnüge mich mit einzelnen Andeutungen, bei denen ich dem Zwecke dieser Abhandlung gemäß auf Loki mein erstes Augenmerk richte.

Unter allen Tieren hat offenbar der Fuchs die größten Ansprüche darauf, dem Loki verglichen zu werden. So wie dieser Gott durch seine List und sein verneinendes Wesen der Vater einer großen Zahl von Mythen ist, so ist Reinhart der Mittelpunkt des ganzen Tierepos. Seinem Namen nach der Ratgewandte, ist er die Spiegelung Lokis in seiner jüngern Zeit. Jacob Grimm hat in seiner Ausgabe des Reinhart Fuchs in der Vorrede die Beinamen des Fuchses zusammengestellt; sie beziehen sich großenteils auf seine Verschlagenheit und nichtswürdige Verderblichkeit, so dass sie sich von selbst zur Vergleichung mit Lokis Benennungen darbieten. Es finden sich aber noch andere Vergleichspunkte. Außer der roten Farbe des Fuchses, welche an das Element unseres Gottes erinnert, schlage ich den Namen von Lokis Sohne Nar oder Narvi an, der in dem isländischen Namen des Fuchses Narvi nachklingt. Sodann hebe ich das enge Verhältnis zwischen dem Fuchs und dem Wolfe hervor, das an Lokis und Thors Genossenschaft mahnt. Bekanntlich weist vieles darauf hin, dass beide Tiere in der ältesten Zeit der Fabel in einem freundlicheren Verhältnis zu einander standen als nachher, gerade wie in den Mythen Loki und Thor anfänglich zwei befreundete Gottheiten sind, bis Loki seine Art wandelt und aus dem Helfer und Gesellen der schädliche Widersacher wird. Selbst die Buhlerei Reinharts mit Hersint, Isengrims Weibe, findet ihr Vorbild in Lokis Verhältnis zu Sif. Der Wechsel, der zwischen Fuchs und Wolf in Namen und Fabel zuweilen sich zeigt, findet im Mythos in so fern eine Spiegelung als beide Götter, Thor und Loki, Ausstrahlungen derselben Idee sind. Oben hatten wir Veranlassung, die Stelle der älteren Edda zu erwähnen, nach welcher Loki ein halbbares Herz verzehrt; Jac. Grimm hat hierzu schon mehrfach, zuletzt in der *Mythologie*, und entsprechende Sagen angeführt und auch die Stelle Fredegars verglichen, nach welcher der Fuchs das Herz des Hirsches stiehlt und genießt. Loki und Fuchs berühren sich hier also sehr nahe, leider ist jene eddische Stelle durch den Mangel an der ausführlicheren Mythe zu dunkel, um mehr aus ihr schließen zu können.

Wir erinnern uns ferner der engen Verbindung Lokis mit den Elben und Zwergen und dass er selbst Alfr heißt. Auch dies ist nicht verloren gegangen. Im Renart 3963 heißt der Fuchs le nains und in der Chronik des Hermann Cornerus umgekehrt ein Zwerg Reineke. Gerade die Zwerge, welche durch ihre List, Behändigkeit und Stärke in dasselbe Verhältnis zu den Menschen gestellt waren wie die Tiere, mussten sich leicht in die Tiersage einfügen, zumal auch ihr Aufenthalt in Wäldern, Bergen und Steinklüften dem der Tiere der Sage entsprach. So finden wir denn überall Berührungen zwischen Zwergen und Tieren. Die Zwergnamen, die die

Völuspa anführt, sind zum Teil Namen von Hirschen, Adlern und Schlangen; die Niederdeutsche Benennung der Zwerge Puge erinnert an Pug, Pog Frosch, so wie daran, dass der Teufel, in diesem Falle elbisches Ursprungs, in den Sagen zuweilen in Froschgestalt auftritt; in Schlesien heißen hier und da Zwerge und Enten Harrla (Herrlein), wobei zu erwähnen ist, dass in Schweizerischen Volkssagen die Zwerge mit Enten- und Taubenfüßen geschildert werden. In der Ecbasis, einem dichterischen Werk, stehen sich Otter und Igel ganz wie ein Riese dem Zwerg gegenüber und der Igel heißt geradezu Nanus. Bedeutender aber als dieses dünkt mich, dass der Fuchs gleich dem Loki als Urheber von Naturbegebenheiten erscheint. Bekannt sind die Redensarten, die wir bei sich lösendem Bergnebel gebrauchen, „der Fuchs braut" oder „der Fuchs badet." Wir werden unten ähnliche auf Loki bezügliche Redensarten anführen und stellen zu dieser eben Erwähnten das *Loki dricker vand* (Loki trinkt Wasser), vom Wasserziehen der Sonne. Auch als Wintergott findet Loki einen Nachklang im Fuchse. In Holstein wird nämlich bei Frühlingsanfang ein toter Fuchs von Knaben unter absingen eines Reimes von Haus zu Haus getragen. Wie anderwärts die Strohpuppe, so ist hier der Fuchs das Symbol des Winters, der beim Frühlingsbeginn gestorben ist und dessen Tod alle bejubeln. Bemerkenswert ist, dass der Wechsel von Fuchs und Wolf auch hier, wenn gleich in verschiedenen Völkern, eintritt, da bei Polen und Oberschlesiern zur Neujahrszeit ein toter Wolf herumgeführt wird. Auf solchen Wechsel mag auch der isländische Name des Fuchses holtathorr (Waldthor) beruhen, denn sonst ist Thor im Wolfe zu suchen. Am deutlichsten wird dies durch die Stelle im Isengrimus v. 77, wo der Wolf als Arznei für den kranken König das Fleisch der Böcke verordnet wird, die Haut solle aber verschont bleiben. Ich denke dabei an Thors Gebet bei Thialfis Vater Haut und Knochen der Böcke nicht zu verletzen. Sonst heißt Thor biörn har skaldsk. Wobei in Anschlag zu bringen ist, dass die schwedischen Umschreibungen für Bär und Wolf sich gleichen. Der Bär heißt gullfot Goldfuß, ebenso der Wolf, der außerdem gullben Goldbein und gulltan Goldzahn heißt. Bei den Umschreibungen der Tiernamen begegnen weder Thor noch Lokis Namen, dagegen erscheinen Freyr und Regin unter den Ochsennamen, Heimdall beim Widder und Grimnir beim Bock.

3. Wir wenden uns nun schließlich den Resten des germanischen Glaubens zu, die in dem Gedächtnisse des Volkes aufbewahrt sind und sehen nach, ob sich auch eine Spur von Loki erhalten habe. Hierbei wird uns die Zähigkeit

lieb werden, mit welcher das Volk das Erbe einer verschwundenen Zeit festhält, denn unser Gott zeigt sich in diesen Quellen fast durchgehends in älterer und edlerer Gestalt, als ihn uns die Erzählungen der Edden darstellen wollen.

Das bedeutendste Denkmal dieser Art ist das färöische Volkslied von einem Bauer, der mit dem Riesen Skrujmsli auf Tod und Leben ein Spiel auf dem Schachbrett wagen musste, den Riesen aber besiegte und dafür als Lebenslösung alles wonach sein Herz gelüstete, empfing. Der Riese verlangt aber nachträglich des Bauren Sohn dafür; dies schildert Lokathattur, ein Lied, das die drei Götter Ouvin, Hoenir und Lockji als die Schützer der Knaben einführt und so altertümliche Züge hat, dass man es für die mundartliche Umgestaltung eines altnordischen mythischen Liedes halten muss. Odin lässt ein Gerstenfeld wachsen und birgt den Knaben mitten in eine Ähre. Der Riese reißt die Ähre aus und zerhaut sie mit seinem Schwerte. Da ruft der Knabe in seiner Not Odin und Gott führt ihn zu seinen Eltern heim. Hierauf wird Hoenir um Schutz gebeten. Er erscheint und versteckt das Kind mitten in die Nackenfeder eines Schwanes. Der Riese fängt aber den Vogel und reißt ihm den Hals entzwei. Da nimmt Hoenir den Knaben und führt ihn heim. Nun flehen sie zu Loki. Der Gott erscheint, ehe er aber mit seinem Schützling forteilt, befiehlt er dem Bauer ein Haus mit einem großen Glasfenster zu bauen und in das Fenster eine starke Eisenstange zu setzen. Darauf rudert Loki mit dem Knaben in das Meer hinaus und birgt ihn in dem Rogen einer Flunder. Als er zurückkommt, steht Skrujmsli am Strande und will hinaus in die See. Loki bittet ihn mitzunehmen; sie rudern und der Riese wirft die Angel aus. Er fängt die gefährliche Flunder und Loki bittet um den Fisch, der Riese aber gibt nichts heraus und durchmustert jedes Korn in den Rogen. Da ist der Knabe in der höchsten Not und Loki rettet ihn durch rasches Verstecken hinter sich. Als sie an den Strand kommen, springt der Knabe leicht über den Sand hinweg, sodass man keine Spur von ihm sieht; der Riese aber, der ihn nun sieht, läuft ihm schwerfällig nach, dass er bis in die Knie einsinkt. Er rennt in der Hast in das weite Glasfenster und stößt sich den Kopf an der Eisenstange ein. Da ist Loki rasch zur Hand und haut ihm ein Bein ab. Die Wunde wächst aber rasch zu und der Gott muss auch das zweite Bein abbauen, worauf Skrujmsli zusammenstürzt. Nun ist der Knabe gerettet und Loki bringt ihn den Eltern heim.

Die drei Götter Odin, Hoenir und Loki erscheinen sowohl in ihrer alten Gemeinschaft als auch noch deutlich in ihrer Beziehung auf das

Naturleben. Odin ist gewaltig über die Früchte des Feldes, denn er ist Luft- und Gestirngott, dem Hoenir sind die Vögel untertan, Loki aber, der Genosse des Wallfisches, der Vater des Meers, hat die Macht über die Tiere der See. Alle drei sind hilfreich und gütig, den Menschen ein Schutz gegen die rohe Gewalt der Riesen. Am mächtigsten erscheint gerade Loki, dessen List am Ende den Skrujmsli verderbt.

Sehr bedeutsam sind mehrere Redensarten, nach welchen verschiedene Erscheinungen in der Natur noch heute auf Loki bezogen werden. Auf Island heißt der Irrwisch Lokis Dunst; wenn an heißen Tagen Dünste auf der Erde schweben, sagt man in Nordjütland „Loki sät heute Hafer" oder „Loki treibt heute seine Geiße aus; letztere Redensart führt auf die Vermutung, dass Loki in ältester Zeit gleich Thor mit einem Bockgespann fuhr, also auch Gewittergott war, worauf schon der Geer Gungnir, den er für Odin von den Zwergen schmieden lässt, hindeutet. Hätte der Verfasser der Skalda statt der dürren Angabe, dass Loki Dieb des Riesenbockes heiße, die Sage hiervon mitteilen wollen, so würden wir wahrscheinlich im Klaren sein. „Lokis Hafer" heißt in Nordjütland ein dem Vieh verderbliches Kraut (Polytrichum Commune), in Dänemark ist es Avena Fatua oder auch Rhinatus Christa Galli. Auch hierfür haben wir einem verlorenen Mythos zu mutmaßen, in welchem ebenso die Redensart vom Mausern der Vögel „Sie gehen unter Lokis Egge" ihre Erklärung finden würde, wie auch die Worte „Loki fährt über die Felder", die vom Wasserziechen der Sonne gebraucht werden. Loki erscheint in all diesem wie auch in der isländischen Benennung des Lokis Brand als Luft- und Gestirngott. Als Feuergott weist ihn die norwegische Redensart beim Knistern des Feuers aus: „Loki gibt seinen Kindern Schläge." Wie lebendig zeigt sich hier noch das Wesen unseres alten Gottes. Welch ein Zeugnis ist dies alles dafür, dass die Natur in dem Volksgemüte stets tiefer und poetischer aufgefasst und empfunden wird als von denen, welche über durch ihre Altklugheit an der schönsten Mitgabe für das Leben verarmen. Heute noch empfindet der einfache Nordländer die Nähe des elementaren allgewaltigen Loki, während er den *gelehrten Mythenschreibern* nur ein unsittliches Scheusal war.

Die sittliche Umwandelung Lokis hätte allerdings nicht vollzogen werden können, hätte das Volk an ihr nicht teilgenommen; und so finden wir denn auch Spuren, dass Loki in seinem bösen, namentlich seinem lügenhaften Wesen der Volkssprache lebendig war. „Auf Lokis Märchen hören" heißt überhaupt Lügen glauben und „Lokis Lüge" steht in der Bedeutung der einfachen „Lüge" gleich. Sein Beiname Laevisi hat sich die Umwandlung in Lejemand, Loomand gefallen lassen müssen, was an Lyve und Lögn (Lüge) anklingt und an den Vater der Lügen, den Teufel, erinnert.

In unserem Teufelsglauben mischen sich überhaupt kirchliche und heidnische Vorstellungen, so dass es oft schwer ist, streng nach dem Ursprunge zu scheiden. Ein bedeutender Teil der deutschen Teufelssagen lässt sich indessen sicher auf unsere alten Gottheiten, auf Wuotan, Donar und Loki, auf Riesen und Elben zurückführen. Die Teufelsbauten, Teufelsberge und -steine, die Verträge, die er so vielfach eingeht, lehnen sich an die Sagen von Riesen und Elben an; an Wuotan erinnert der Teufel, wenn er an der Spitze des wütenden Heeres erscheint oder Menschen aus weiser Ferne plötzlich in die Heimat versetzt. Auch sein Karten- und Würfelspiel entspricht diesem Gotte. Donar zeigt sich im Hintergrunde, wenn dem Teufel ein roter Bart, Hammer und Keil beigegeben wird; in vielen Redensarten wechseln Donner, Hammer und Teufel. Ebenso, und dies ist besonders erklärlich, berührt er sich mit Loki, ja in Norwegen ist Laake die gewöhnliche Benennung des Teufels. Wie erklärte sich, dass im inneren Deutschland, so alle Spuren von Loki verschwunden sind anders, als durch die Annahme, dass die Sagen von ihm auf auf andere mythische Wesen, bei der Einführung des christlichen Kirchenglaubens auf den Teufel übergegangen sind? Loki kann in unseren Gegenden nicht unbekannt gewesen sein, sonst müssten wir ein völlig verschiedene Gestalt des deutschen und des nordischen Volksglaubens annehmen. Ich hebe vor allem heraus, dass der Teufel gleich dem Loki in Redensarten, die sich auf Naturerscheinungen beziehen, zu finden ist. Wechselt Sonnenschein rasch mit Regen, so heißt es „Der Teufel bleicht seine Großmutter" oder „Er schlägt seine Großmutter." Letzteres erinnert an die norwegische Redensart bei knisterndem Feuer „Loki schlägt seine Kinder." Ebenso ist übereinstimmend in Bezug auf das Erdbeben. Wie dasselbe im nordischen Glauben dem gefesselten Loki zugeschrieben wird, so liegt nach der kirchlichen Tradition der Teufel vor dem jüngsten Gericht gefesselt und Erdbeben geschehen. Wenn der Weltuntergang hereinbricht, springen Lokis Fesseln. Dem nordischen *Loki ist von den banden los* entspricht die bekannte Redensart „Der Teufel ist los oder ledig." Undeutlich welchen mythischen Bezug es hat, aber jedenfalls aus sagenhaftem Grunde erwachsen, ist das schweizerische Kinderspiel, das *den Teufel entmannen* heißt. Ein Seil wird so lange auf einem Stücke Holz gerieben oder ein spitzes Holzstück so lange in einem Holzgrübchen gedreht, bis es Feuer fängt. Man mag sich dabei erinnern, dass zur Herstellung des Notfeuers, das ähnlich bewirkt wird, zwei keusche Knaben erforderlich sind.

Loki als Todesgott kann in der gewöhnlichen formelhaften Verbindung „Tod und Teufel" nachklingen, so wie in dem Aberglauben, dass von Dreizehn bei Tische einer in Jahresfrist sterben muss. Dieser Dreizehnte fiele Loki, dem dreizehnten Asen, als Opfer zu. In Anschlag zu bringen ist auch, dass Hundegeheul sowohl Tod als Feuer verkündet, wobei die Hellseherei des Volkes den feinen Unterschied macht, dass der Tod angezeigt wird, wenn der Hund zur Erde sieht, das Feuer, wenn er in die Höhe heult. Der Hund des Heljägers und der Frau Gaue (Sagen) steht hiermit in nächster Verbindung. Wenn am Christabend die Haustüren offen gelassen werden, läuft dieser Hund herein, legt sich auf den Herd nieder, von wo er das ganze Jahr nicht wegzubringen ist. Er frisst Asche und Kohlen und verschwindet erst, wenn der Heljäger nächstes Jahr wieder bei dem Hause vorbeijagt. Der Hund der Frau Gaue bringt überdies Krankheit und Sterben über Menschen und Vieh und Feuersgefahr über das Haus, in dem er liegt. Merkwürdig ist dabei, dass nach einer hannoverischen Sage die Bewohner des Helhauses im Ostenbolz am Christabende, wenn der Heljäger jagte, eine Kuh hinausließen, die alsbald verschwand. Schon vorher ward sie bezeichnet, indem sie so wohl gedieh als kein anderes Tier im Stall. Adalbert Kuhn hat diese Sagen ausgezeichnet behandelt und die vedischen Mythen von der Sarama, der Hündin Indras, verglichen, welche die von den Panis geraubten Kühe aufsuchen muss. Ihre Söhne, die Sarameyas, zwei vieräugige Hunde, sind die Wächter und Boten des Yama, des Todesgottes. Aus dem Hymnus, den Kuhn aus dem Rigveda mitteilt, erhellt zugleich, dass einer der Sarameyas gleich dem Agni als Schützer des Hauses, als vielgestaltiger heilbringender Freund angerufen wird. Der Hund ist also ein Begleiter des Todes- und Feuergottes. Hierzu gehört, wie Kuhn bemerkt hat, der Kerberos und der hundsköpfige Hermes-Thot, so wie die Hundefelle an den beiden Lares praestites auf dem Palatium in Rom. Jener Hund des Heljägers scheint mir nun eher zu Loki als zu Wuotan zu gehören, denn sein Platz auf dem Herde, seine Nahrung von Asche und Kohlen, sein Bezug auf Tod und Feuer bezeichnen ihn als einen Genossen und Diener des Todes- und Feuergottes. Wenn auch Wuotan als Todesgott auf den Namen Heljäger Anspruch machen kann, so kommt derselbe doch noch weit natürlicher dem Vater der Hel, unserm Loki, zu, zumal derselbe auch Sturmgott ist. Nun werden sich auch die schwarzen Hunde, welche Schätze hüten, tiefer in die übrigen Mythen einfügen. Sie sind elbische zum Loki gehörende Wesen, deren Schatzhüten sich aus der Macht unseres

Gottes über den Reichtum der Tiefe erklärt. Auch die merkwürdige Angabe des angelsächsischen Gespräches zwischen Saturn und Salomon, dass St. Petrus zuerst mit dem Hunde gesprochen habe, scheint eine volksmäßige und mythische Begründung zu finden, indem Petrus, wie bald erwähnt werden soll, öfter an Lokis Stelle getreten ist. Wenn wir diesen Hund auf unseren Loki beziehen, ihn also ähnlich jenem Sarameya als einen rettenden und heilbringenden Boten und Diener des Gottes betrachten, so hat auch jener Spruch, der nach der Nialssaga, aus der Gewalt der Wassergeister rettet, eine tief mythische Bedeutung, indem Loki-Petrus als Elementargott auch über die elbischen Wesen des Wasser Gewalt hat. „Zweimal ist dein Hund, o Petrus, nach Rom gerannt, das dritte Mal wäre er gelaufen, hättest du es gestattet". Wie die germanische Formel lautet, bleibt zu erraten. Beiläufig mag hier erwähnt werden, dass der Hund nach finnischer Sage ein Kind des Frühlingswindes mit einer blinden Lappin ist. Wer erinnert sich nicht hierbei, dass Loki als warmer Wind in manchen Mythen zu deuten ist.

Gehen wir die Meinungen des Volkes, die sich an das Feuer knüpfen, durch, so stoßen wir noch auf manches, was uns unmittelbar auf den Feuergott, also auf Loki führt. Das Feuer als die Hülle der Gottheit ist heilig und unverletzlich, und duldet nicht das Spielen mit sich. Kinder, die mit Feuer oder Lichtern tändeln, wird in Schlesien gedroht, dass sie sich die nächste Nacht verunreinigen werden. Vermöge seiner Reinheit und reinigenden Kraft gilt das Feuer vielfach auch als Heilmittel. Der Sitz des Feuergottes so wie seiner Diener, der Kobolde und jenes Hundes, ist der Herd oder der Ofen. Darum wird dem Ofen Verehrung erwiesen und im Kinderspiel noch heute vor ihm gekniet und er angebetet. Der Feuergott ist der Herr des Hauses, seine Verehrung sichert darum den Aufenthalt am Herde; deshalb müssen Neueinziehende gleich ins Ofenloch oder in den Ofentopf sehen und das Feuer schüren, wollen sie lange im Hause bleiben. Die Verbindung Lokis mit den Elben erhellt auch aus dem Gebrauche, wenn das Jüdel (ein elbischer Geist) das Kind verbrannt hat, das Ofenloch mit einer Speckschwarte zu schmieren. Dem Feuergeist wird ein Opfer gebracht, damit er seinen Schaden wieder gut mache. Überhaupt gilt der Glaube, dass das Feuer (bzw. Licht) Macht über die Hexen (elbische Wesen) habe, dass also sein Gott die Obergottheit derselben sei. Holz, das am Weihnachtstage geschlagen und Sonnabend abends ins Feuer gelegt wird, bringt alle *Hexen* im Kirchspiele zusammen. Sterben kurz hintereinander viel Hühner, Enten, Schweine oder anderes Vieh, so mache man Feuer in den Backofen und werfe von jeder Art ein Stück hinein; die Hexe muss dann mit verbrennen. So lange ein Kind ungetauft ist, darf das Feuer nicht ausgehen. Diesem christlichen Glauben liegt der arische zu Grunde, dass der Feuergott, welcher Vorsteher der Ehe ist, die Neugeborenen schützt. Derselbe zeigt, da er zugleich überaus Weise ist, heiratslustigen Mädchen ihre künftigen Ehemänner, wenn sie am Weihnachtsabende ein Feuer aus neunerlei Holz machen, sich entkleidet daran setzen und sprechen „Hier sitze ich Splitterfaser nackig und bloß, wenn doch mein Liebster käme und würfe mir mein Hemde in den Schoß." So gilt denn das Feuer oder der in ihm waltende Geist überhaupt für Weissagend. Hartlieb erzählt in seinem Buche „Aller verboten Kunst", dass manche Leute in dem Feuer geschehene und zukünftige Dinge sehen. Diejenigen, denen sie weissagen sollen, „heißen sie niederknien und dem Engel des Feuers, den sie ehren und anbeten auch zu opfern. Mit dem Opfer zünden sie das Holz an und sieht der Meister gar genau in das Feuer, er merkt wohl was ihm darin erscheint." Finden sich am Morgen zu Weihnachten, Neujahr und am Dreikönigstage vom vorbergehenden Abende noch glühende Kohlen in dem Ofen, so wird es das ganze Jahr an nichts im Hause mangeln. Ein ähnliches Zeichen gibt der reiche Feuergott durch Funken, welche aus dem Lichte springen oder durch Faden des Dochtes, die auf jemanden entzünden. Dadurch wird nahendes Geld oder überhaupt Glück angedeutet. Wir wissen, dass Loki zugleich ein zanksüchtiger und schadenfroher Gott ist, daher weissagt man aus dem Feuer auch Streit: wenn das Feuer im Ofen platzt, entsteht Zank im Hause. An seine Rolle als Gaukler und Possenreißer erinnert noch ein Sprichwort: „Der Teufel ist unseres Herrgottes Affe."

Durch letzteres werden wir auf eine Gestalt unserer Volkssagen und -Spiele geführt, hinter welche sich wenigstens zuweilen Loki versteckt haben mochte; siehe Petrus. Dieser Heilige muss in manchen schlesischen Christkindelspielen die Rolle eines gutmütigen komischen Alten übernehmen, die in andern dem heil. Joseph übertragen ist. Ich möchte in diesen volkstümlichen Spielen neben dem kirchlichen Elemente eine starke mythische Beimischung annehmen. Gerade in der Weihnachtszeit, den zwölf Nächten, hielten und halten unsere alten Gottheiten ihre Umzüge durch das Land der Gläubigen und dass diese Umzüge vom Volke dramatisch erfasst wurden, beweisen noch viele Gebräuche dieser Jahreszeit. Wie natürlich war es nun, dass auf einzelne Personen der kirchlichen Schauspiele wenigstens Züge der mythischen Personen übertragen wurden. Hinter Joseph, der in andern Ländern Ruprecht heißt, ist wohl mit Grund Wuotan zu vermuten, dem Petrus möchte ich Loki vergleichen, zumal sich dieselben auch anderwärts berühren. So hat Jacob Grimm in seiner „Mythologie" nachgewiesen, dass das oben erwähnte Herzessen Lokis und Reinharts in anderen Sagen dem himmlischen Küchenmeister Petrus beigelegt wird und hat überhaupt auf die Wandersagen aufmerksam gemacht, welche mit der Einführung des Christentums nicht erloschen, sondern nun statt von Odin, Hoenir, Thor und Loki von Christus und Petrus oder Gott und dem Teufel erzählten. Selbst in den Sagen um Pitje fan Skottländ möchte ich Loki suchen. Dieser Pitje (Peter) oder de uald, de uald Knecht oder Hinger, ist auf der friesischen Insel Sylt der Teufel; fan Skottlönd heißt er, weil von den schottischen Gebirgen die Nordweststürme kommen, welche über die Insel das größte Unglück bringen. Er ist also ein verderblicher Sturm- und Todesgott. Bei seinem Namen de hinger (Henker) ist zu bemerken, dass Peter und Peterchen auch sonst Benennungen des Teufels und des Henkers sind.

*

Sehen wir uns nach Örtlichkeiten um, welche von Loki benannt wurden, so bieten sich ihrer, so viel mir bekannt ist, nur wenige an. Bemerkenswert ist der Name eines Riesengrabes in Vestrgötland, Lokehall, so wie einer schwedischen Quelle, Lokakälla. Letztere kann ein Zeugnis für die Bedeutung Lokis als Wassergottheit abgeben. Die Insel Loka ist schwerlich auf Loki zu beziehen, ebenso wenig Lopts stadir im Arnesthing auf Island, da Loptr noch heute auf Island als Eigenname gebräuchlich ist. Bedeutend wäre es, könnten wir den Ort Loctuna bei Goslar als ein Lokatun fassen. Dass Pflanzen nach Loki benannt werden, beweist jenes jütische Lokkens havre. Wir werden auch manche jetzt nach dem Teufel benannte Gewächse auf unsern Gott beziehen können. Clematis Vitalba, Teufelszwirn, kann an den Mythos erinnern, wie Lokis Mund vom Brockr zugenäht wurde; Convolvulus arvensis, Teufesldarm, mag uns die Fesselung Lokis mit den Därmen seines Sohnes Nari vergegenwärtigen; Euphorbia, Teufelsmilch, klingt vielleicht an die uralte Sage von Lokis Verwandlung in die milchende Kuh an. Bestätigen sich diese Mutmaßungen, so hätten wir die bedeutendsten Zeugnisse, dass alle jene Sagen, die in unsern Stämmen spurlos verschwunden sind, auch in ihnen einst blühten und sich selbst an die Gewächse des Feldes heften. Bedeutsam, wie schon Jac. Grimm bemerkt hat, ist der schweizerische Name der Libelle Teufelsnadel, die auch Teufelsbraut heißt und an Lokis Mutter Nal anklingt, wozu sich fügt, dass im Tal von Rimella ein kleines schwarzes Käferchen „des Bösen Mutter" heißt. In Schlesien heißt die Libelle Wasserjungfer und Schneider. Beide Namen erinnern wieder an Nadel. Alles weist darauf hin, dass ein alter Mythos verloren gegangen ist, nach welchem Loki und seine Mutter oder seine Frau irgendetwas mit dem Nähen zu tun hatten.

*

So hätte ich die Lebensgeschichte eines unserer ältesten und bedeutendsten Götter vor dem Auge der Gegenwart entrollt. Sie beginnt hoch oben in den wolkenverhüllten Felsensitzen unseres Altertums, an der Schneewohnung, dem Himalaya (Asgard oder Shamballa). Da ist der Gott noch glänzend und rein, noch lebensfrisch und belebend wie der Bach, der aus dem Felsen hervorschießt. Weiter unten, wo die Stimmen der Menschen, das Läuten der Kirchenglocken schon hörbar wird, ist der Bach milder, aber nicht mehr so klar, dass man die Augen zur Labung in ihn bis zum Grunde versenken könnte. Darauf kommt das Wogen und Feilschen des Marktes, der Fluss wird breit und trübe, er wird geleitet und gehemmt, wie die Menschen wollen, und zuletzt verliert er sich in dem Sande der Gegenwart. Seine letzten Tropfen haben aber noch zeugende Kraft und sie erwecken liebliche, wundersame Blumen, die von der Quelle hoch oben im Felsenlande flüstern und von der reinen schönen Bergluft und den gewaltigen Gestalten, die in ihr wandelten. Ich lausche ihrem Singen, Sagen und Raunen, denn durch das liebliche Flüstern hindurch klingt tief und gewaltig das Lied von der Herrlichkeit germanischer Art. Wer das Runen-Lied einmal vernahm, der kennt nur ein Fühlen und Wollen, dass das Gute und Treffliche, das reichlich in der deutschen Vorzeit liegt, uns wieder lebendig werde und dass für das, was unnütz wurde, ein schöner und gediegener Ersatz eintrete. Solches kann man auch von den Blumen der Volkssage lernen, denn das Flüstern uns auch die nordischen Mythen zu.

Die vier Elemente-Riesen des germanischen Mythos
Karl Weinhold

Seit etwa zwölf Jahren entwickelte sich für die germanische Mythologie ein wahrer Sammeleifer, so dass unsere Sagen und Märchen schon eine kleine Bibliothek bilden können. Indessen ist das Zusammentragen leichter als das Aufgehäufte wissenschaftlich ordnen und ausarbeiten. Der Mythologie ist es dabei gleich wie der Archäologie ergangen; mag es Antikes oder Mittelalterliches betreffen, an beiden beteiligte sich ein Dilettantismus, der seine Grenzen überschritt. So geschah es auch bei der Forschung über unsern germanischen Glauben und Gottesdienst. Ich will nur auf ein paar Auswüchse hindeuten. Ein sehr ausgebildeter ist die Verwechselung von Mythe und Allegorie, worauf ich im Einzelnen während dieser Abhandlung eingehen will. Ein zweiter ist die Vermischung des zeitlich Geschehenen. Man trennt nicht das Germanische nach älterer und jüngerer Entstehung und mengt zum Überfluss noch entschieden Christliches hinein. So lebt gewiss vieles aus unserem ältesten Brauchtum noch in heutiger Sage und Sitte unverändert weiter, ebenso sicher treiben aus dem natürlichen volkstümlichen Keime fortwährend frische Sprossen, die anders als jene beurteilt werden müssen, weil Luft und Licht ihnen andere Bedingungen gaben. Wer in dem Teufel und den Hexen und den verschiedenen gespenstischen Wesen einzig und allein gestürzte Gottheiten und heidnische Unholde sieht, wer aus diesem oder jenem kirchlichen Heiligen nur einen verkappten Wuotan oder Donar oder Zio herausschält, handelt unüberlegt. Auch nicht alle Gebräuche haben eine mythische Grundlage: der Volksgeist ward nicht zu ein und denselben Bewegungen und gleichmäßigen Handgriffen gedrillt, sondern ist frei und veränderlich. Gottesdienstliches mischte sich mit Weltlichem, Bedeutendes mit Inhaltslosem. Darin sind große Lächerlichkeiten verübt worden; man hat in Bettelversen altheidnische Hymnen erblickt und zotenhafte Gassenhauer in religiöse Symbolik umgesetzt. Phantasie allein erzeugt ebenso wenig ein Gedicht als einen Mythos.

Ich kann den vielfach verdienten J. W. Wolf von dem Vorwurfe nicht frei sprechen, dass seine Behandlungsart der mythischen Überlieferung zu solchen Übertreibungen fahren musste. In seinem Eifer wollte er, wie es Sammlern und Auslegern der eigenen Schätze oft geht, in allem Gefundenen Wertvolles aufweisen. Man stimmte ihm von vielen Seiten zu und andere Sammler ahmten ihm bereitwillig nach. Er hat gute alte *Schätze* zu Tage gebracht, aber auch viele unechte Stücke und wertlose Blechspäne, die wir ausstoßen müssen.

Für die deutsche Mythologie liegen übrigens derartige Übertreibungen sehr nahe, weil wir bei den sehr geringen alten Bestandteilen auf Durchsuchung spät mittelalterlicher und heutiger Trümmer verwiesen sind. Das Skandinavische ruht auf zahlreicheren Stützen, ohne jedoch dadurch vor allerlei Misshandlungen ihrer Verehrer geschützt zu sein. Mir scheint auch hier eine genauere Scheidung des Stoffes nach den Zeiten erforderlich, soll Ordnung und Licht hinein kommen. Viel zu wenig wird beachtet, dass die Menge der göttlichen Wesen nicht zugleich entstanden sein kann, dass auf verschiedenen Bildungsstufen des Volkes und in verschiedenen Stämmen an ihnen gearbeitet wurde. Gewöhnlich betrachtet man die gesamte Masse am Anfange als beendet, gleich als ob unser Germanentum ein geoffenbartes orthodoxes Religionssystem gehabt hätte. Geht man dann an die Bearbeitung, so werden Grundsatze aufgestellt, die, wenn überhaupt anwendbar, nur für die letzte Zeit des germanischen Götterglaubens gelten können. Man bedenkt dabei nicht, dass die Beweise aus einer schon jungen und teilweise christlichen Darstellung des heidnischen Systems entlehnt werden und bemüht sich keineswegs, Art und Geschichte der einzelnen Gottheiten und göttlichen Geschlechter aus ihnen selbst zu erforschen. So entstanden nicht wenige falsche Auffassungen, die sich treulich von Buch zu Buch fortpflanzten.

Die hier geäußerte Ansicht hegte ich bereits 1845, als ich an meiner Dissertation zum Doktorrat arbeitete. Ich habe sie dann in meinen Untersuchungen über Loki vor nunmehr zehn Jahren auf einen einzelnen Gott angewandt und bin jetzt nach mehrmaliger Durchforschung des ganzen Stoffes darin bestärkt. Für diesmal will ich nach diesen Grundsätzen die Riesen des germanischen Mythos darstellen, teils weil sie eine höchst wichtige Gruppe bilden, teils um meine Meinung gegen einen Einwurf Konrad Maurer's zu verteidigen. In seinem tüchtigen Buche „Die Bekehrung des norwegischen Stammes zum Christentum" sucht derselbe bei Darlegung der religiösen Zustände des nordischen Germanentums zu beweisen, dass der Dualismus schon in der ersten Anlage des germanischen Götterglaubens begründet liege und dass die Riesen das böse Prinzip vertreten. Ganz folgerecht erklärte sich Maurer deshalb gegen meinen Satz, dass die Riesen das älteste Geschlecht der Götter seien.

Ich finde es sehr begreiflich, dass mein geehrter Gegner, indem er sich mit den Ausgängen des Heidentums und mit der ersten christlichen Zeit so gründlich beschäftigte, zu jener Meinung gelangte, da die Riesen in dieser Periode böse und unförmig erscheinen. Indessen ist die letzte Zeit nicht das Abbild des gesamten Lebens des germanischen Heidentums. Ich hoffe durch eingehende Darlegung des gesamten Stoffes die Waagschale auf meine Seite zu ziehen. Dass ich dabei die Namen der riesischen Wesen als sehr wichtig betrachte, wird auch anderen sehr von Nutzen sein. Denn es ist an ihnen vielfach gesündigt worden.

*

Wie alle natürlichen Religionen beginnt der germanische Mythos mit der Annahme eines gestalt- und teillosen Urzustandes, eines gähnenden Schlundes (ginunga gap = Akasha), worin sich der phantastische Gedanke an ein allenthaltendes Nichts ausdrückt. „Im Anfang der Zeiten war nicht Sand noch See noch kühle Wogen. Erde war weder noch Gras; nur der gähnende Schlund war", singt Völuspa. Alles das war vorhanden und doch war nichts vorhanden, denn es bedurfte zum Leben der Scheidung. Dieselbe beginnt durch Hervortreten des positiven Lichtes und der Wärme aus der negativen Finsternis und Kälte; im Norden bildet sich Niflheim. die kalte Nebelwelt, im Süden Muspellheim, die lichte Feuerwelt. Aus der Mitte der Nebelwelt entspringt ein rauschender Ur-Quell (Hvergelmir) dem zwölf Ströme (Elivagar) entrinnen, die aber durch die Kälte vereisen und ein mächtiges Schnee- und Eislager gegen Norden aufschichten. Die Funken, welche aus Muspellheim herumflogen, erreichten dasselbe und es begann zu schmelzen. Ein lebendiges Wesen erhob sich aus dem tropfenden Wasser: Ymir, die erste Belebung der elementaren Gewalt, der Urvater der Riesen.

Die Frage liegt nahe, wie dieser Mythos in jener Zeit lautete, als die Germanen mit der hochnordischen Winterwelt noch nicht bekannt waren, die sich in Niflheim´s Vereisung abbildet. Jedenfalls bestand der Grundgedanke der Entstehung eines Urwesens aus dem Zusammenwirken der ersten deutlich heraustretenden polaren Kräfte schon lange vor der Einwanderung der Germanen in das nördliche Europa. Die Vergleichung aller Mythologien bestätigt dies, denn auch in diesen ist die geistige Materie das erste und aus deren eigener Kraft erhebt sich die zur Ordnung bringende Scheidung und mit ihr die Zeugung.

Die Sage fährt also fort: Ymir sank in Schlaf, und in fruchtbarem Schweiße wuchs ihm ein Sohn und eine Tochter unter den Armen hervor und einer seiner Füße zeugte mit dem andern einen sechsköpfigen Sohn. So ward das

Geschlecht der Riesen in der Welt. Ein jüngerer Berichterstatter fügt hinzu, dieselben würden auch die Reifriesen (hrimpursar) genannt, weil Ymir aus Reif hervorging,

In Ymir sind die Geschlechter noch verbunden; deshalb muss er sich aus sich selbst fortpflanzen, wie auch andere Religionen von dem Zwittertum ihrer ältesten Gottheiten reden. Dieser Teil des Berichts ist alt; weniger gilt das von der Anknüpfung einer bedeutungslosen Schar der Riesen. Denn ursprünglich muss sich die Fortentwicklung durch bedeutende Kinder an den Urriesen unmittelbar geknüpft haben, ganz wie der griechische Mythos, um nur diesen zu vergleichen, aus Chaos (Akasha) gewaltige Urwesen hervortreten lässt. Will man zur richtigen Erkenntnis dieses Teils unserer heidnischen Vorstellungen kommen, so muss ferner die Gegenschöpfung durch Burs (Adam Kadmon) erstes Geschlecht vorläufig ganz bei Seite gestellt werden. Sie ist in einer jüngeren Zeit erzählt worden, in welcher die Empörung gegen die ältesten göttlichen Wesen durch den Glauben an die jüngeren geheiligt war und die gestürzten mit ihrer Geschichte schon im Dunkel standen. Wir müssen das noch Vorhandene nur richtig auffassen, um die Wiederherstellung glücklich auszuführen.

Ymir ist nach der Wortbedeutung der Schallende, Rauschende, also das Wesen eines tosenden Elementes, wozu bei seiner Entstehung aus dem Eise der Elivagar nur das Wasser gewählt werden kann. Das bestätigt sowohl das Vorkommen eines Meerweibes Namens Yma als sein in der Völuspa überlieferter anderer Name Brimir, Mann der Brandung, des rauschenden Meeres. Sein dritter Name ist Örgelmir, der Urrauscher, den er nach Gylfaginning bei den Hrimthursen führte. Ymir ist also eine mythische Bestätigung der neptunistischen Weltbildungslehre, für welche unser Germanentum überhaupt ein durchgehendes Zeugnis ablegt.

Hiernach wird die Übereinstimmung Ymis mit einer anderen verdunkelten Gestalt nicht kühn erscheinen, nämlich mit Nör (Nörvi, Narfi, Neri). Nör ist seinem Wortlaut nach ein Wesen des Meeres. Überliefert ist von ihm nur, dass Nott (Nacht) seine Tochter ist, und da Neri derselbe Name nur mit anderer Flexion ist, dürfen wir hinzusetzen, das die Nornen von ihm abstammen. Nach allen Mythologien gehört die Nacht (Akasha) zu den Urwesen, ihr Vater war also eine der ältesten Gottheiten, „er ist ein Riese", wie die Edda sagt. Gegen die Entwicklungsgeschichte der mythischen Welt stritt nun das Vorhandensein einer Menge gleichbedeutender Wesen am Anfang. Ymir, der älteste Vertreter des Wassers als des Urstoffes, und Neri, der Meerriese, müssen ursprünglich eins gewesen sein. Statt der namen-

und bedeutungslosen Riesen, die an ihn gekettet wurden, geben wir dem Ymir die Nott als Tochter zurück und erinnern uns, dass auch Nyx, die griechische Göttin der Nacht, eine Geburt des Chaos war.

Damit ist für Ymir eine bedeutsame Nachfolge gewonnen, denn aus Nott gehen neue Schöpfungen hervor. Mit Anar zeugt sie die Jörd, die Erde. Der Name Anar, aus dem Stamme *an* entstanden, dessen Begriff das goth. anan (on) hauchen, altn. anda hauchen, athmen, andi und önd Hauch und Seele, die Verwandtschaft mit animus, anima, so wie mit sanskrit. an wehen und anila Wind unzweifelhaft machen, bekundet einen Geist des Lufthauches, des Windes. Anar ist die Vergöttlichung dieses Elementes, welches das Weckende und Begeisternde ist. Über den dunklen Wassern, in denen alle Keime der Entwicklung noch ruhen, aber bereits empfänglich wurden, regt sich der göttliche Hauch und die Erde hebt sich aus dem Schosse der nächtlichen Wogen. Nott gebiert von Anar's Umarmung die Jörd. Die Erdgöttin gehört demnach zum Riesengeschlecht. Weil man noch in späterer Zeit dieses ihres Ursprungs bewusst blieb, gab man ihr bei der Verbindung mit den Gottheiten der zweiten Bildung andere Namen.

Nott geht nach der Erzählung der prosaischen Edda noch andere Ehen ein. Mit Delling erzeugt sie Dag, den Tag. Delling oder Degling war nach der Edda von ansischem Geschlecht: im Fiölsvinnsmal zählt er zu den neun Ansensöhnen (asmegir); vor seiner Tür sang einst Zwerg Thiodhroerir den Ansen (=Asen oder Götter) und Elben (Elfen) zauberkräftige Runen-Lieder. Nirgends lässt sich eine größere Bedeutung für ihn annehmen, am wenigsten, und das ist das schlimmste, durch seinen Namen, der ihn als Abkömmling des Tages bezeichnet, dessen Vater er doch sein soll. Simrock's Deutung Delling's als das Morgenrot hat viel für sich, denn der Tag entsteht aus der Nacht durch den Übergang in die Morgenröte; auch kann man sich an den Riesen Abentrot der deutschen Sage erinnern. Indessen muss ich doch das Bestehen Delling's in ältester Zeit und seine damalige Verbindung mit Nott leugnen. Wo erst der Urriese, wo erst Nacht und Wind gebildet waren, konnte man noch nicht an die Vergöttlichung der Morgenröte denken. Ursprünglich hat Nott mit einem andern den Tag gezeugt; und was wäre dagegen einzuwenden, wenn Anar auch des Tages Vater wäre? Dieselben Götter, welche Nacht und Tag als Reiter an den Himmel versetzten, gaben auch dem Dag einen ihnen entsprechenderen Vater. An Stelle des uralten mächtigen Erzeugers der Erde wird ihm ein Stiefvater aufgedrängt, der von ihm den Glanz entlehnt und ohne den Sohn gar nicht vorhanden wäre.

Noch ein drittes Kind teilt der Mythos der Jörd zu: Aud, den sie mit Naglfari zeugt. Aud, der Reichtum, ist nach dem Gedanken, welcher durch unser ganzes Altertum geht, das Erzeugnis der dunklen Tiefe, vornehmlich des geheimnisvollen Schlosses des Wassers. An ihm haftet aber, wie die Nibelungensage am bekanntesten darstellt, der Fluch des Verderbens. Ganz folgerichtig ist daher Naglfari, ein Todeswesen, zu seinem Vater gemacht. Wir begegnen hier einem ethischen Gedanken, der zwar einen physischen Grund hat, aber doch nicht in unsere alte Kosmogonie gehört. Ich lasse also den Aud nicht als rechten Bruder von Jörd und Dag gelten, sondern erkläre ihn für eine Spätgeburt, welche unter dem Leuchten anderer Gestirne der Nacht zugeordnet wurde.

Nun kehren wir zu dem alten Ymir zurück. Nebenbei erwähne ich, dass die euhemeristische Auslegung der alten Mythen ihn zum König in Mitten Halogaland's, des uralten norwegischen Stammlandes, machte. Da führte ein Gau den Namen Ymisland. und Riesen und Halbriesen sollten vor Einwanderung der Ansen dort gewohnt haben.

Ymir hatte noch andere Kinder als Nott, denn niemand anders als er kann unter Forniot, dem alten Joten oder dem Urriesen zu verstehen sein, den auch der sächsische Stamm unter diesem Namen gekannt und verehrt hat. Wir erfahren von Forniot nur durch junge Aufzeichnungen. In dem Berichte über Norwegens älteste Bebauung heißt es unbestimmt „ein gewisser Forniot" (Forniotr het madr); von der norwegischen Entdeckung wird sein Stellung deutlicher, denn er wird als ein König über Jotenheim oder Finnland und Kwenland bezeichnet, wohin man damals die Riesenreiche (die Lemurianer) versetzte. Besser erkennen wir ihn jedoch an seinen Früchten, denn Forniot's Söhne sind Hle (Ägir), Logi und Kari, die Beherrscher von Meer, Feuer und Wind, wie selbst diese jungen Quellen noch von ihnen aussagen. Welcher alte Riese könnte nun wohl solche Söhne haben, als der Urriese Ymir, die Geburt des Chaos? Er, dessen geheimnisvolle Tochter Nacht die Erde gebar und in dem wir die andern Elemente ebenfalls enthalten denken müssen? Ymir-Forniot gebietet anfangs auch über diese und sondert sie erst bei weiterem Fortschritt der Zeit von sich ab: wie der Mythos es ausdrückt, er ist ein König, der als er alt wird, sein Reich unter die drei Söhne verteilt.

Das gesamte Altertum dachte die Erde als die Grundlage für das Bestehende und nur die drei anderen Elemente als befähigt, eigentliche Reiche oder Teile der Welt zu bilden. Die Erde ist daher eine Göttin. während Luft, Wasser und Feuer unter männlichem Gebote stehen. Die

Welt wird also dreiteilig gedacht, bei Indern, Griechen, bei Germanen und andern Völkern; der große göttliche Weltherrscher ist ein Dreiherrscher. Der Ausdruck dafür war verschieden; der Inder dachte seinen Indra dreiköpfig, bei den Griechen zeigt sich ein dreiäugiger Zeus, ein dreiköpfiger Hermes und der Germane nannte seinen Ymir-Ferniot den Dreigewaltigen. Deswegen hat die Wissenschaft Dunkles zu erleuchten, Gebrochenes und Entstelltes zu heilen. So wollen wir denn auch zweier Riesennamen, die dem reichhaltigen Namensverzeichnisse von Riesen und Unholden in der Skalda einverleibt sind, ihre alte Bedeutung zurückgeben, Thrivaldi nämlich und Thrigeitir. Das erste Wort bezeichnet ohne Widerrede den Dreiherrscher; über das zweite sind einige Bemerkungen nötig.

Ein Wortstamm git (git, geit) liegt weder im Nordischen noch sonst im Germanischen zu Tage, wohl aber nach der A-Klasse gat (gat. Git), entfaltet im ags. getan, altn, fries geta, ahd. kezan, deren Grundbegriff fassen, halten ist, was nach der sinnlichen Seite weiter aufwächst zu „bewirken, zeugen," nach der geistigen zu „im Sinne halten, gedenken," wie die Wörterbücher belegen mögen. Bei schärferem Aufmerken sehen wir nun den Stamm mit derselben Bedeutung in der I-Klasse. Der ursprüngliche Sinn „fassen" findet sich treu in ahd. gaiza. keiza, heute noch schweizer. schwäb. Geitze, Pflugsterz; die Bedeutung „zeugen" entdeckt sich in Geiß (altn. geit. ags. gat), da Ziege und Bock als zeugungslustig und zeugungskräftig auch in unserm Altertum seinen Ruf hatte. Geitir bedeutet nach dieser Entwicklung 1. Halter, Fasser. 2. Zeuger, Schöpfer: Thrigeitir ist demnach der Halter und Zeuger der Dreiheit der Welt, das ist, wie wir wissen, Ymir.

Die Dreiheit der Welt ist aber das All; der Dreiherrscher ist also der Allherrscher, Thrivaldi und Alvaldi fallen zusammen und wir finden damit noch einen uralten Beinamen Ymis wieder, der auf eine andere Person übertragen, in den Handbüchern der nordischen Mythologie herumirrt. Auch hier müssen wir dem Namen gerecht werden. Die Form Alvaldi ist durch das Harbardslied als Vater Thiassis (denn diesen meine ich) gesichert; dass in der Snorra-Edda Ölvaldi geschrieben steht, muss beurteilt werden, wie Ölrun für älteres Alrun.

So wenig wie die Walküre Alarun, hat Alvaldi oder Ölvaldi mit *öl* Bier zu schaffen, wenn auch Uhland und neuerdings Petersen sich bemüht haben, durch die Skaldische, hier aber durch ganz unstatthafte Vergleiche von Öl und Meer ihre Auffassung zu begründen. Wenn sie dabei auf die großen Reichtümer von Ölvaldi's Gewicht legen, wonach er sich als Meergott bezeichnet, so kann ich diesen Schluss getrost unterschreiben; denn wer ist Alvaldi-Ymir als der Herrscher des Alls, der sich aus dem feuchten allenthaltenden Grundstoffe erhob? Sollten gegen meine Deutung Ölvaldi's drei Söhne Thiassi, Gang und Id angeführt werden, so sind sie mir gerade als Mitkämpfer sehr willkommen. Wir lernen diese drei Brüder weit besser als bisher kennen, wo Gang und Id völlig dunkel blieben, wenn wir ihnen Ymir, den Urriesen, den All- und Dreigewaltigen zum Vater zurückgeben.

Trilogien erscheinen in dem Glauben aller geistig gebildeten Völker als uralte, zugleich einende und sondernde Darstellung der Hauptgewalten der Welt. Sie sind, wie schon oben angedeutet wurde, eine notwendige Entfaltung des Urstoffes. Der Urriese, um bei dem Nordgermanischen zu bleiben, ist zwar eine gewaltige, allumfassende Zeugung, indessen doch eine Geburt des Chaos (Akasha). Der religiöse Bildungstrieb der feste Gegenständlichkeit fordert, kann sich an ihm nicht befriedigen; die Entwickelung schreitet vor; und wie nach der empfangenden weiblichen Seite Nacht und Erde heraustraten, so nach der männlichen die abgesonderten Söhne Luft, Wasser und Feuer.

Forniot's Söhne sind Hle, Logi und Kari; als anderer Name Hle's wird Ägir genannt. Alvaldi's Söhne heißen Gang, Id und Thiassi; und eine dritte hierher zu bringende Trilogie lautet Helblindi, Loki und Bylleyst, die Kinder des Riesen Farbauti und der Nal. Wie auch die letztgenannten mit den Kindern ursprünglich eines gewesen sein mögen, so unterlagen sie doch verschiedenem Einflüsse, der sie abzusondern nötigt. Indessen gehörten Helblindi und Bylleyst auch ferner zu den Riesen, während Loki in ein fremdes Lager trat. Wir betrachten nun Ymi's Söhne und verweisen dabei auf eines der vier Reich.

I. Die Wasserriesen:

Forniot's Sohn, der über das Meer gebietet, heißt Hle. Weil sie seinen Namen nicht aus dem Germanischen erklären konnten, haben mehrere Mythologen ihn zum Kelten gemacht und aus dem kymrischen hlyr, Meer, gedeutet. Seinen Brüdern ging es nicht besser. Indessen ist Hle so gut wie Logi und Kari urgermanisch und nicht den Kelten abgeborgt, die überdies schon wegen ihrer geringen Ausbreitung in Skandinavien gar nicht den Einfluss auf das nord-germanische Leben geübt haben können, den ihnen manche gerne zuschreiben.

Das Wort hler ist auf ein gothisches hlius zu führen. Diese auch sonst

82

bekannte nordische Verdichtung des *iu* zu *e* wird für unsern Fall bestätigt durch altnord. hle, hlie, ags. hleov, hleo, hliu Schatten. Schattendach, altsächs. hlea Schatten, Zuflucht, altfries. hli Schutz, mhd. liewe, lie Schutz, Schirmdach, Laube, wozu noch das mittel- und neuhochdeutsche loube Schatten- und Schutzdach zu rechnen ist, so wie bei dem bekannten Wechsel der I- und V-Klasse auch goth. hlija. Als Wurzel unserer Reihe ist hlu mit dem Ablaute hliu, hlau aufzustellen in der Bedeutung decken. Hle ist demnach der Deckende, Zuflucht Gewährende, aber auch nach der passiven Bedeutungsseite der Gedeckte, Schattige, Dunkle, und führt also eine Benennung, die auf ein Wesen der Meerestiefe durchaus passt.

Bestimmtes wird von Hle nicht berichtet. In der Dichtersprache heißen die Wogen seine Töchter und auch seine Schneehaufen (skaflar). Da er mit Gymir und Ägir für eins erklärt wird, lernen wir indessen Hle´s Wesen kennen.

Gymir oder Gumir stellt in seinem Namen eine andere früh aufgefasste Eigenschaft der See vor: das Sehen und Wahrnehmen aller Dinge, was in der Spiegelung der Erde und des Himmels mit Gestirnen und Wolken in dem Wasser seine Begründung findet. Ich glaube den Namen zum Stamme gum stellen zu müssen, der in dem Ablaut gium und gaum aufgeschossen, durch das goth. Gaumjan, althochd. goumjan, angels. geman und gyman die Bedeutung wahrnehmen, beobachten, sehen aufweist.

Gymis Name taucht in der Skaldensprache öfter hervor: das Meer heißt sein Herdplatz (flet), das Branden der See sein Lied (Gymis liod); Gymis Seherin (völva) ist ein Beiname Ran´s, der Gattin Oegis, wobei die öfter angegebene Einheit Oegis und Gymis in Betracht kommt. Auch wird ein Meerweib, Namens Guma erwähnt, die zu Gymir in ähnlicher Verwandtschaft ursprünglich gestanden haben wird, wie für Yma zu Ymir vermutet werden kann. Im Mythenkreise selbst tritt Gymir nur als Vater Belis und der Gerd hervor, erhält aber doch dadurch einige beachtenswerte Züge. Vermählt ist er mit Örboda. Es ist dies nur ein Beiname der großen Meergöttin, der wir bei Ägir uns vorstellen werden. Ich deute ihn nicht, wie gewöhnlich geschieht, als die Urgeberin oder die Freigebige, sondern als Geist der Klippen und deren Brandung; die Verwandten Angurboda und Nal bestimmen mich zu dieser Auslegung. Örboda´s und Gymis Kinder sind Beli und Gerd.

Beli, der Brüllende, ist durch seinen Kampf mit Frey bekannt. Als Sohn des Meeres kann er nur ein Wassergeist sein; darum fasse ich ihn als die brüllende Sturmflut, gegen welche Frey als Gott der gefestigten

Weltordnung ebenso ringt, wie nach demselben Gedanken Odin wider Fenrir und Thor wider die Weltschlange. Frey siegt in dem Kampfe; sonst wissen wir leider nichts davon. Belis Schwester ist Gerd, in welche sich Frey verliebt, wie das Lied von Skirnis Fahrt und die Snorra-Edda erzählen. Ich muss die Behauptung voranstellen, dass jenes Gedicht in seiner erhaltenen Gestalt nicht sehr alt sein kann, denn die ursprünglichen Verhältnisse sind verdunkelt und die Rechtszustände verraten jüngere Zeiten.

Der Name des Mädchens, Gerd, ist ein allgemeiner Frauenname und trägt nichts Bezeichnendes für eine Tochter von Seegottheiten. Gymir selbst erscheint nur wie ein gewöhnlicher Jöte (Riesengeschlecht), der da hinten in Jötunheim einen stattlichen Hof bewohnt; seine Beziehung zur See wurde vergessen. Die Geschenke, durch welche der Freiwerber Skirnir Gerd für Frey, seinen Herrn, gewinnen soll, sind nichts als ständige Teile des Mahlschatzes; wenigstens gilt das für Ring und Schwert. Mythische Bedeutung gestehe ich nur den Äpfeln zu. Da nun diese Dinge nicht, wie es in älterer Zeit Recht gewesen war, dem Vater als Vormund zum Brautkauf angeboten hätte sollen, sondern als Geschenke der Braut, so erhalten wir einen starken Beweis für die verhältnismäßig junge Abfassung des Liedes. Auf diese Züge aber eine allegorische Auslegung zu gründen, wie auf W. Müller´s Vorgang neulich wieder Simrock getan hat, ist zumindest gewagt. Gerd wird dabei zur Erdgöttin gemacht und angenommen, dass sie gar nicht Gymis Töchter sei, sondern nur gezwungen wurde, dort zu verweilen. Die Wiederkehr des Frühlings soll der eigentliche Kern der Mythe sein.

Ich halte mich an diese Tatsache. Gerd, die Tochter Gymis und Örboda´s, ist eine Meernixe, deren eigentlicher Name verloren ging. Wie alle Wasserfrauen ist sie von glänzender Schönheit und Frey, der empfängliche Gott voll Liebe und Milde, wirbt um sie und verliebt sich. Die Gabe der elf Äpfel hat dabei eine mir nicht klare alte Bedeutung. Gerd ergibt sich ihm, obschon nicht leicht, da sie eine Riesin und er ein Wane ist. Sie entsteigt den Fluten und vereint sich im grünen Walde am Strande mit dem Gotte. Alles übrige ist jüngere Ausschmückung.

Wie Hle und Gymir in ihren Namen nur abgelöste Eigenschaften des alten Sohnes Ymis aufweisen, so auch Gang, der Sohn Alvaldis, Bruder Thiassis und Ids. Er bezeichnet die stete Bewegung und den stürmischen Andrang der wogenden See. Diesen Eigenschaftsworten gegenüber treffen wir auf das zugehörige alte Wort in dem Namen des bekannten göttlichen Meerwesens Ägir.

84

Auch hier wollen wir uns zuerst mit dem Wort vertraut machen. Ich schreibe mit J. Grimm Oegir, weil er aus dem Stamme ag durch Ablaut og erwächst, und Aegir ein ag voraussetzt, das nicht zu beweisen ist. Die ursprüngliche Namensform Agis ist anscheinend nur den deutschen Völkerschaften bekannt gewesen, bei denen allein sich agi, eine alte indogermanische Benennung des Wassers in den Flussnamen Agadora oder Egidora (Eider) und Agira (Eger) und wahrscheinlich auch in agistein, dem alten Namen des Bernsteins, nachweisen lässt. Dieses agi ist urverwandt mit sanskr, ahi, griech. die Schlange, wie schon Ad. Kuhn erkannte, und findet seine geistige Begründung sowohl in der Wurzelbedeutung gehen, als in der uralten Vergleichung der Schlange mit dem sich schlängelnden Flusse und der erdumgürtenden See. Halten wir dieses fest, so tun wir zugleich einen Blick in die älteste Gestalt unsere Oegis. In jener anfänglichen Zeit, in welcher die Germanen die Naturgewalten noch nicht in die menschliche Bildung zu bändigen vermochten, dachten sie dieselben als ungeheure Tiere. Der Sturm schien ihnen ein riesiger flügelschlagender Adler, das Meer eine Schlange, die sich um die Erdscheibe ringelt. Der Mitgartswurm ist Agis älteste Erscheinung. Indessen entwickelte sich die religiöse Anschauung weiter und auch Agis Gestalt wurde menschlich. Weil aber das Bild von der Weltschlange naturgemäß tief verwurzelt war, dauerte es fort, jedoch wurde es von dem in seiner Göttlichkeit wachsenden Seegeiste abgelöst. Der Mitgartswurm blieb die wüste, wilde Meergewalt, wider welche sich die göttliche Hand zu verteidigen hat. Aus dem Agis aber ward Oegir. Ich sehe in dieser Ablautentwicklung eine scharf bewusste Sonderung der weiter entfalteten Gestalt von der anfänglichen.

Obschon wir Oegir nur in der Zeit kennen, wo er mit den Ansen auf guten Fuß stand, so genügt doch das Überlieferte, um in ihm den alten Gott der See zu gewahren. In märchenhafter Weise werden wir in seine große Halle im Meeresgrunde versetzt, die von leuchtendem Golde anstatt der Brände erhellt wird, weshalb das Gold von den Skalden Oegis Feuer oder Scheiterbrand genannt wird. Man kann dies sowohl auf die Schätze roten Goldes deuten, die man in den Wassertiefen voraussetzte, als auf das Leuchten der See oder den Wiederglanz von Sonne, Mond und Sterne. Die beiden Diener Oegis, Eld (Feuer) und Funafeng (Funkenfang), dann Heimdall's Mutter Sindur und die Riesin Sivor (Funkenweib), ebenso die roten Kleider und Mützen, welche noch heutige Volkssage manchen Nixen aufsetzt, erklären sich aus derselben Anschauung. Die Mythen kennen überhaupt einen genauen Zusammenhang zwischen Wasser und Feuer und machen entschiedene Wasserwesen zu Kindern des Feuers wie auch umgekehrt. Ist doch Logi Oegis Bruder und beide sind Söhne Ymis. Den großen Kessel, in welchem Oegir braut, haben schon andere als den siedenden, brodelnden Riesenkessel der See erkannt. Von diesem Bilde und von dem steten Wandern der Gestirne in das Meer leitete die Vorstellung die Einladungen zum Gelage Oegis her. Zugleich drückt sich in dieser geselligen Verbindung seine Angleichung an friedliche und geordnete Zustände und sein milderes Wesen aus. Kindlich froh (barnteitr) ist er, wie mehrere Größen seines Geschlechtes; seine Trinkhalle ist eine Friedstätte, das heißt, obschon er ein Riese ist, schlossen die Ansen mit ihm Friede und Freundschaft. Oegir ist kein furchtbares wildes Wesen; ein Missgriff war es daher, ihm den Schreckenshelm (Oegishialmr) wegen des gleiches Wortlautes aufzusetzen, der ihm in den Quellen niemals gegeben wurde.

Oegir ist kein Einsiedler, denn alle Wassergeister zeigen sich dem geschlechtlichen Zusammenleben sehr geneigt. Doch geben ihm unsere Quellen kein mildes, anmutiges Weib, sondern eine düstere Gestalt, *Ran* mit Namen. Das Wort scheint mit altnord. Ran, Raub, eins zu sein, auch wird sie räuberisch und habsüchtig geschildert, denn mit ihrem Netze fischt sie die Ertrinkenden auf, und nur die dürfen auf eine freundliche Aufnahme rechnen, welche ihr ein Stück Gold bieten können. Indessen ist dieser Zug des Golddurstes nicht bloß der Ran eigen, sondern die germanische Todesgottheit überhaupt verlangte genauso wie die der anderen Völker ein Eintrittsgeld, und da wir von ihr keine Grausamkeiten wie von den Nixen der Volkssage wissen, bleibt für Ran zuletzt nur, dass die Todesseite der Meergottheit in ihr hervorgekehrt ist. Von Oegis Antlitz sind diese düsteren Schatten entfernt; jedoch ist zu erinnern, dass in der Dreiheit Bylleyst, Helblindi, Loki, der mittlere als Todesgott bezeichnete zugleich die Wasserwelt beherrscht.

Wie Hle und Gymir nur losgelöste und dann selbständig erschiene Eigenschaften Oegis sind, so verhält es sich auch mit Ran in Bezug auf die vorhin benannte riesische Meergöttinn. Der Name derselben ist Gefion. Die Bedeutung davon offenbaren das altsächsische geban, angelsächs. geofon See. Gefions Wesen enthüllt ferner der einzige von ihr gebliebene Mythos, so albern auch seine Geschichte ist. Uralt sind darin ihre Verbindung mit dem Riesengeschlechte und die vier Stiere, welche sie mit einem Jöten zeugte. Mit diesen kommt sie von Norden, pflügt Seeland von Schweden los und die gewaltigen Söhne reißen es in das Meer hinaus; aber noch liegen auf der schwedischen Küste die Buchten passend in die Vorgebirge und in die Landzungen Seelands.

Kaum spricht eine Mythe deutlicher. Allbekannter Weise treten Wassergeister in der Sage sehr häufig als Stiere auf. Unsere Mythe hat die Erinnerung an eine furchtbare Stormflut erhalten, welche von Norden hereinstürmend in unvordenklicher Zeit Seeland von der skandinavischen Halbinsel losriss. Gefion zeigt sich also entschieden als Meergöttin und der Jöte, mit dem sie die Wogenstiere zeugte, ist kein anderer wie Oegir. Ihr alter gewaltiger Ursprung tritt auch noch in der Weisheit und Erfahrung hervor, wie Odin die Seinen gleich achtet.

Gefion hat eine weitere Geschichte als ihr Gemahl durchlebt. Nachdem die finstere Seite in Ran abgelöst war, trat sie mit weiblicher Schmiegsamkeit dem Ansenkreise noch weit näher als Oegir und fand in denselben volle Aufnahme. Ihre alte Bedeutung verwischte sich nun ganz: die riesenhafte Mutter jener vier Stiere wandelt sich zum zarten Mädchen und zur Schutzfrau aller Jungfrauen. Und doch bricht plötzlich daneben die todesmächtige Ran in ihr durch, denn es heißt, dass Gefion alle Mädchen nach dem Tode bei sich versammelt.

Die Veränderung, welche viele ältere Schöpfungen des germanischen Heidentums durchzumachen hatten, kann an Gefion recht augenscheinlich werden. Verfährt man ohne Sonderung, so trübt sich das Bild und die kunstreiche Allegorie kann ihm den Glanz der Wahrheit nicht ersetzen.

Ans Oegis Ehe mit Ran entsprangen neun Töchter: Himingläfa, Dufa. Blodughadda, Hefring, Udr, Hrönn, Bylgja, Bara oder Dröfn und Kolga. Die Namen sind leicht erklärt: in Udr, Hrönn, Bylgja, Bara oder Dröfn haben wir Verkörperungen der Wogen, denn die Worte haben diese Bedeutung; Kalga ist die Brandung, Hefring das stürmische Unwetter. Himingläfa, die den Himmel als Helm trägt, ist eine dichterische Benennung der See, und in Blodughadda, der Blutlockigen, taucht eine grausame Nixe auf, an welche noch der dämonische Wassergeist Blutschink der Tiroler Sage erinnern kann. Dufa endlich ist die Taucherin.

Solche Belebungen der Wellen zu Töchtern des Meergottes sind ein verwandter Zug vieler Naturreligionen. In der Germanischen selbst finden wir noch weiter solche heilige Neunzahlen von Nixen. Am bekanntesten sind die Mütter Heimdalls, welche vaterlos zum Riesengeschlechte zählen und in ihrem Namen mehr Wildes tragen als Oegis Töchter. Gialp und Elgja sind Wesen der Brandung, Angeyjaist eine Nixe der Meerenge, Jarnsaxa die eisenfeste Klippe, Sindur ist ein feuriges Wasserwesen, Greip oder Gneip und Atla sind räuberisch und furchtbar; Ulfrun ist eine wölfische Hexe, und nur Örgiafa zeigt als die Freigebige ein mildes Antlitz. Wie sie auch zu Oegir stehen mögen, ich halte sie für jüngere Geburten als jene früheren neun, denn ihre ganze Art scheint weniger frischsinnlich. Der feindlichsten Nixenschar gehört die Neunzahl in der Saga von Hialmter und Ölver an: Hergunn und Hremsa, Nal und Nefja, Runa und Trana, Greip. Glyrna und Margerdr. Ganz zu ihrem Geschlechte fügt sich die Meerriesin Forat, das verleibliche Verderben der Schiffer, die sich rühmt, vielen Männern den Tod gebracht zu haben. Sie erscheint schwarz wie Pech und in Walgestalt.

Ein bedeutsamer mehrfach rätselgebender Wassergeist, der weise Mimir. möge nun heraufsteigen. Sein Name ist dunkel. Die Erklärungen durch memor. meminisse, die man sämtlich für verwandt erklärte, sind grammatisch falsch und darauf gebaute Deutungen seines Wesens demnach zu verwerfen. Das Wort entspross einem uralten verschollenen Stamme mam, der in regelrechtem Ablaut (mim, mam, mam, mum) entwickelt war, wie die nur in Eigennamen erhaltenen Bruchstücke Mamo, Mimo, Mimi. Mumma bezeugen. Der Name Mimminc und die Brechung in Memleben und Memerolt beweisen die Kürze des i in Mimi oder Mimir, abgesehen von den Verwandten mit wechselnden Vokal. Im Norden standen die schwache Form Mimi und die starke Mimr mit der abgeleiteten Mimir nebeneinander, wie in Deutschland Mimo und Mimi.

Welches auch der Wortsinn gewesen sein möge, Mimir war ein Geist des Wassers, den auch die deutschen Völkerschaften kannten. Ein Bach im Odenwald heißt Mimling; nach den im Ablaut benannten Mummeln (Wassernixen) führen mehrere deutsche Seen den Namen, so wie ein smaländischer Mimis sjö heißt. Die Nixblume oder Wassermännchen (nymphaea alba) heißt auch Mummel oder Mümmelchen. Was die mehr ins Geistige entwickelten nordischen Mythen berichten, bestätigt die angegebenen Eigenschaften Mimis. Hiernach ist er ein Riese, der unter der Wurzel des Weltbaums wohnt, die zu den Reifthursen reicht. „Da wo vordem Ginungagap war," da entspringt, wie unter den beiden andern Wurzeln, ein Quell, dessen Hüter Mimir ist. Odin verpfändete einst einer seiner Augen bei ihm, weshalb Mimis Brunnen in der Dichtersprache mit Walvaters Pfand umschrieben wird. Nach allgemeiner Ansicht will diese Sage erklären, weshalb nur dem Tage die Sonne leuchtet. Der große Himmelsgott habe einem Wesen der Riesenwelt, aus der die Nacht entsprang, das Auge hingegeben, mit dem er sonst die zweite Taghälfte erhellt haben würde. Mimis Quell ist die dunkle chaotische Wasserwelt; Mimir selbst also hingt mit den urältesten Mächten der Schöpfung zusammen.

Wenn es heißt, Odin habe für einen Trunk aus Mimis Brunnen, der ihm Weisheit verlieh, das Auge gegeben, so spricht darin eine Zeit, welche die natürliche Anschauung verloren hatte und im Wasser nicht mehr das Wasser, sondern den angenommenen Inhalt, die Weisheit, erblickte. Übrigens wäre das ein sehr schlechter Kauf gewesen, da die geschöpfte Weisheit mit dem Tranke selbst verronnen sein muss, indem Odin in allen schwierigen Fällen von Neuem sich an Mimir wendet, ohne indessen dabei ein neues Auge zu verpfänden.

Mimir ist nun ein merkwürdiges Beispiel, wie Empörung und Eroberung selbst im mythischen Reiche eine stützende Verbindung mit den vorausgegangenen Zuständen bedarf. Die Ansen bilden eine Dynastie, welche durch den Sturz einer älteren ihre Herrschaft erkämpfte. Ihre Gottheiten hatten dies wohl im Gedächtnis und sahen damit in den Eigenschaften dieser Gottheiten einen Mangel, nämlich den Mangel an Erfahrung und Wissenschaft an den ältesten Dingen. Bei dem hohen Werte, den unser Altertum auf solche Weisheit legte, fiel das schwer in die Waage, und so schlossen die Ansen einen Vertrag mit einem der älteren Götter, der vorzugsweise für alterfahren galt. Sie konnten nur einen Wassergeist wählen, nach den zugeschriebenen Eigenschaften, und so wurde Mimir der Freund, Vertraute und Ratgeber der Ansen.

Diese geistige Art Mimis tritt auch allein in den weiteren Mythen hervor, die von ihm berichten. Als der Weltuntergang hereinbricht und die Götter des Rates mehr als je bedürften, reitet Odin zu Mimis Brunnen, um bei dem weisen Freunde Hilfe zu suchen. So berichtet Snorro's Edda jedenfalls aus älterer Quelle schöpfend, als die Strophen der Völuspa voraussetzen, wonach Odin den abgehauenen Kopf Mimis befragt. Von dieser Enthauptung erzählt die Ynglingasaga: Bei dem Friedensschluss zwischen Ansen und Wanen stellten beide Teile Geiseln, die Wanen Niörd und Frey, die Ansen Hoenir. Weil dieser zwar groß und schön, aber nicht weise war, gesellten sie ihm Mimir als geheimen Rat bei, worauf die Wanen ihren Fürsten den Quasir beigegeben haben sollen. Hoenir wurde bald zum Häuptling erkoren und er regierte gut, weil er guten Rat hatte. Als aber die Wanen einmal dahinter kamen, wie es um den großen schönen Mann eigentlich bestellt war, so ergrimmten sie, hieben dem Mimir den Kopf ab und schickten ihn den Ansen. Odin balsamierte denselben ein, sprach seine Runen-Sprüche darüber und so blieb er bei Verstand und Rede und konnte Rat geben, wenn man ihn befragte.

Was in dieser Erzählung, die den ganzen Geist der Ynglingasaga atmet, den Mimir berührt, wurde nur erfunden, um den dichterischen Ausdruck Mimis Haupt zu erklären, wie man wohl noch heute ein Märchen erfindet, um Kindern ein sprachliches Bild zu verdeutlichen. Mimis Haupt ist, wie schon Petersen richtig sag, nichts als seine Quelle, da man den sprudelnden, immer schwatzenden, dichterisch als seinen Mund und weiter gehend als seinen Kopf auffasste. Die Gleichung wird durch die oben angeführte Stelle aus der prosaischen Edda völlig bewiesen. Dem erklärungssüchtigen Unverstande war es vorbehalten, von der Balsamierung und Besprechung zu fabeln. Alle Stellen, wo Mimis Haupt im Sinne der Ynglingasaga erwähnt ist, gehören der letzten Zeit des nordischen Heidentums an. In ähnlicher Art nannte man auch Mimis Herz, ohne jedoch eine so sinnreiche Geschichte dazu zu dichten.

Die Völuspa, welche den skaldischen Ausdruck Mimis Haupt braucht, erwähnt bei Schilderung des Weltuntergangs auch Mimis Söhne. Das müssen Meerriesen oder Reifriesen sein, da Mimis Quelle bei den Hrimthursen liegt. Im Fiölsvinnsmal treffen wir auf Mimis Baum (Mima meidr), der die Weltesche ist, da Mimi unter deren einer Wurzel wohnt. Aus dem in Zusammensetzungen gebrauchten Worte mimir ergibt sich kein unmittelbarer Gewinn für unseren Gott, indem das Wort daselbst die allgemeine Bedeutung Mann hat.

Gerade bei einem solchen Wesen vermissen wir schmerzlich reichere ältere Quellen unseres deutschen Heidentums, denn bei seiner wahrscheinlich ausgebreiteten Verehrung auf dem Festlande würde sich Mimis elementare Erscheinung weit deutlicher darstellen als aus den nordischen Berichten, die sofort ins Bildliche und skaldisch Verschrobene hinüberschwanken. Aus den Orten, welche den Namen Mimi enthalten, wie Mimigerdaford (Münster), Mimidun (Minden), Mimileba (am Harz und Memlehen an der Unstrut), zu denen sich noch einige andere finden werden, so wie aus den früher erwähnten Gewässernamen, bricht seine bedeutende Stellung klar hervor. Freilich erzählen die Gedichte unseres Mittelalters noch von einem Mime, aber das ist nur ein schwacher Widerschein des alten, das ist nur ein erfahrener künstlicher Waldschmied, der mit seinem Gesellen Hertrich unter andern zwölf ausgezeichnete Schwerter schmiedete, zu denen Wieland ein dreizehntes, den berühmten Miming, fertigte, das in merkwürdig verschobener Weise von diesen Gedichten trotz des deutlichen Namens nicht dem alten Mime entspricht. Während dieser Mime in dem Gedichte von Biterolf, dessen Sucht nach fremden Ländern gemäß, nach

Azzaria bei Tolet versetzt wird, kennt ihn die aus niederdeutscher Überlieferung schöpfende Vilkinasaga auf deutschem Boden in Hunaland und macht ihn zum Meister Wielands und Erzieher Siegfrieds. Da wir nun aus anderen Quellen die halbgöttliche Art dieser weisen Schmiede, die im Walde hausen, wissen, so setzen wir ohne Bedenken in diesem Mime den Niederschlag unseres alten Wassergottes an, wofür der Waldschrat (sylvarum satyrus) Mimering (besser Miming), den der Dichter Saxo in den Mythos von Baldur einmischt, Zeugnis gibt. Dieser besitzt ein Schwert von unwiderstehlicher Kraft und einen goldzeugenden Ring, worin uns zwei Wunschdinge erscheinen, die sonst nur im Besitze sehr hoher Gottheiten zu finden sind. Die binnenländischen Deutschen dachten ihren Mime in dem geheimnisvollen Dunkel tiefer Haine an murmelnden Quellen oder zauberisch wallenden Bergseen. Weise und kunstreich, alt und erfahren, war er, Lehrer und Meister der besten göttlichen Helden, wie der nordische Mimir ein Freund und Ratgeber Odins selbst ist.

Mimi, der Riese, der Bewohner der uralten Stätte Ginungagap, stellt eine schöne geistige Blüte der Riesenwelt dar und kann schlagend beweisen, wie einseitig es ist, die Riesen für die bösen Geister der Materie zu erklären.

Unter der Weltbaumwurzel, die in die Götterwelt greift, sitzen an ihrer heiligen Quelle die Nornen. Sie gehören in den Bereich dieser Untersuchung, denn sie werden ausdrücklich als Riesenmädchen (pursameyjar) bezeichnet, so wie noch die Skaldensprache norn und das eng verwandte niörn für Riesin setzt.

Schon oben habe ich ihre Verwandtschaft bei Neri-Ymir angedeutet. Nicht bloß, dass eine von ihnen seine Tochter oder Nichte (nipt) heißt, auch in den Namen zeigt sich der Zusammenhang, denn die Norne ist wie Neri ein Wesen des Wassers.

Anfänglich dachte man nur an eine einzige Norne, jene mächtige hohe, die allein in den sächsischen Zeugnissen erscheint und den Namen Wurd, altnord. Urdr, trug, nach der auch der Brunnen an der Weltesche und die Schicksalsprüche benannt sind. Diese Urnorne war geistig gewiss und leiblich wahrscheinlich Mimis nahe Verwandte. Sie haben denselben Entwicklungsgang durchlaufen; nur ist in Mimir das Wissen als solches, bei der Norne das Wissen in seiner Anwendung ausgebildet. Als Kennerin und Lehrerin alles Gewordenen empfing sie den Beinamen Wurd (Urdr) und wurde, als die Macht des Gewordenen die Lenkerin des Schicksal. Mit ihrem Beinamen trat aber die Belebung der älteren Zeiten nahe und so erhielt sie (wann wissen wir nicht) zwei Schwestern, nach der nordischen

Benennung Verdandi, die Norne der Gegenwart, und Skuld, die des Seinsollenden, der Zukunft. Der Glaube an die drei Schicksalsschwestern wurzelte tief. Sie standen als die ernsten Mächte da, welche in das sorglose Leben der Götter eingetreten waren und der kindlichen Zeit ein Ende gesetzt hatten; sie erschienen als die Bestimmerinnen des Weltlaufes und als Richterinnen des Geschehenden, somit als die Pflegerinnen des Weltbaums; sie wachten aber auch über das Leben der einzelnen Menschen und zeichneten den Lauf derselben vor. Das Bild des Spinnens, Knüpfens und Webens der Schicksalsfaden war auch unserm Altertum geläufig und wurde auf die Nornen übertragen.

Ursprünglich dachte man sie fest an ihrem Brunnen weilend, gleich wie den Mimir. Als jedoch ihre elementare Bedeutung verblasste, wurde ihr Aufenthalt gleichgültig. Mit ihrer Verdreifachung trat notwendig eine Schwächung der Macht der einzelnen ein, welche wiederum zunehmen musste, als der Gedanke aufkam, dass das Leben aller einzelnen Menschen von ihnen gelenkt werde. Es kam noch hinzu, dass man ihre Zahl ins Unbestimmte vermehrte, damit sie überall erscheinen könnten, und schuf ein ganzes Nornenvolk, das in der dreifachen Herkunft allein noch die alte Zahl verriet und somit ganz in die Art der weisen Frauen oder Seherinnen und Zauberinnen übertrat. Mit der alten Urnorne haben diese Nornen wenig gemein.

Aus der doppelten Wendung alles Geschehenden, entweder zum Glück oder zum Unglück, war frühzeitig unter den drei Nornen ein Zwiespalt des Wesens entstanden, wonach die eine von ihnen (entweder Urdr oder Skuld) sich verderblich zeigte. Nach demselben Gedankengange, welcher dem Worte urlac aus der Bedeutung Gesetz, Geschick die Bedeutung Krieg ableitete, wurden auch die Nornen mit besonderem Einfluss auf die Schlachten betraut und die Wölfe, die Tiere des Leichenfeldes, ihre Hunde genannt. Der Tod galt allgemein als ihr Urteilsspruch. Alles dies hat sich erst allmählich aus ihrem elementaren Kerne heraus entwickelt und war ihrer anfänglichen Anlage fremd, wie die Namen beweisen.

Die Forschung in den deutschen Volkssagen hat gelehrt, dass auch unsere Stämme drei Schicksalsgöttinnen kannten, welche gleich den nordischen an Brunnen oder in der Wassertiefe wohnten und von denen die eine auch verderblich und böse sich zeigte. Die Erinnerung an ihre riesische Abkunft ist hier so weit erloschen, dass sie hie und da zur Schar der Heiligen – wie Einbet, Walbet und Wilbet; oder Aginildis, Walahild und Willahild; oder Kunigunt, Mechtunt und Wibtant – übergingen und mit kirchlichen

Festlichkeiten beehrt wurden.

Eine alte Verwandte der Nornen ist Niörn (Nebenformen Niorun und Njurn), welche unter den Ansinnen und ebenso unter den Riesinnen aufgeführt wird, zum besten Beispiel wurde, wie man ihr Wesen in den späteren Zeiten des nordischen Heidentums veränderte. Es ist gar nichts über sie überliefert. Das Wort kommt am häufigsten in Verbindungen und Zusammensetzungen in der allgemeinen Bedeutung von Frau oder Jungfrau vor, so wie Mimir in solchen Fällen mit Mann zu Übersetzen ist. Die ursprüngliche Wortbedeutung von niörn fällt mit norn zusammen. Die Form selbst schließt sich eng an Niörd an, für dessen Gattin d. h. also für die deutsche Nerthus ich Niörn halten würde, wenn nicht ihre Einreihung unter die Unholdinnen dagegen spräche. Möglicherweise ist Niörn ein alter Name der Nacht, der meerentsprossenen Tochter Neris; wenigstens lässt sich diese Bedeutung für niörun belegen.

Denselben Begriff wie Niörn und Norn enthält das allgemein für Riesin gebrauchte mörn. Mörn, eine Ableitung von marr (Mer) benennt eigentlich eine Tochter der See, so wie es nach der allgemeinen Seite hin die Bedeutung Fluss trägt.

Die Reihe der bedeutenderen Riesen des Wassers ist noch nicht zu Ende. Einer gehört dazu, der in dem System des nordgermanischen Glaubens eine bedeutsame Aufgabe überkam, der Wolf Fenrir. Sein Name gibt ihn als Mann des Meeres kund, so wie Fenja Meerweib heißt; daraus ist ein ganzes Wesen zu entwickeln. Während Fenja zu einer niedergedrückten Riesin ward, welche dem König Frodi Magddienste tun muss, steht Fenrir verderblich und feindlich den Göttern gegenüber. Er vertritt jedoch nicht das stürmische landfeindliche Meer, sondern die lichtfeindliche nächtliche Flutenwelt, welche die Gestirne verschlingt. Das scheinbare Untertauchen der Himmelslichter in die See erscheint wie als die lebendige Einbildungskraft des Hineinfahrens in den Rachen eines Ungetüms. Bei Ausführung dieses Bildes wählte man das gefräßigste Raubtier des germanischen Nordens zum Vollstrecker und so ward Fenrir (der Strafende, der Tötende) zum Wolfe, so wie zum Todfeinde der Gestirngötter.

Er beißt dem Ty die Hand ab. Ty (hochd. Ziu) ist ein alter germanischer Himmelsgott, der von Riesen abstammte und bei mehreren Völkern als Hauptgott verehrt wurde. So wie Odins Einäugigkeit auf die Teilung des Tages in Licht und Finsternis geht, so ist auch der Mythos von Ty′s Verstümmelung durch den Fenriswolf nur ein Bild dafür, dass dem Himmelsgotte ein Wesen der Nacht die Hälfte seiner Kraft entriss. Weitere

Gewalt gewann aber dasselbe damals noch nicht; so wurde er gefesselt, sein Rachen zum Beißen unschädlich gemacht und dadurch kann es nur auf Vorbereitung der einstigen Rache wirken. Als solche fasste man die Sonnen- und Mondfinsternisse, welche den kleinen Fenrirs, seinen Söhnen, zugeschrieben wurden, die natürlich auch Wölfe sein mussten. Wenn dann die Zeit des allgemeinen Untergangs kommt und die große Endnacht, das Dunkel der Gestirne (Ragnarökr) heraufschwebt, dann reißt sich das Wesen der Finsternis, Fenrir, los und stürzt sich auf den gebietenden Gott des Tages, Odin, um ihn zu verschlingen. Doch ist der Sieg der Mächte des dunklen Verderbens nur vorübergehend; sie erliegen selbst dem Kampfe, den sie beschworen; die Revolution verschlingt ihre Väter und ihre Kinder. Fenrir wird von Vidar getötet, dem schweigsamen Sohne der Grid, der auf hoch mit Gras und Gesträuch bewachsener Heide wohnt. Ich deute seinen Namen aus vidr, Holz, Wald; er ist, wenn auch nicht ein Gott des Urwaldes, wie Petersen meinte, so doch des stillen Gehölzes, der schweigsamen Haide. Und da er in der letzten rein ethischen Bildungzeit des nordischen Glaubens zu seiner Bedeutung heranwuchs, ist Vidar die Darstellung der Unberührtheit vom menschlichen Leben, der Gott der jugendlichen Frische, durch welche allein die neue Welt gegründet werden kann. Er ist ein starker Gott, der darin nach der jüngeren Edda dem Thor zunächst kommt; deshalb ist Grid seine Mutter. Seine erste Tat muss die Zerstörung des Todesdunkels sein, welches die Trümmer der alten Welt umfängt. Vidar tötet den Fenrir und rächt damit zugleich seinen Vater Odin, dessen frühere Hallen er fortan bezieht.

Ein Wort über den Schuh mag erlaubt sein, mit dem Vidar in den Unterkiefer des Wolfes treten soll. In der Völuspa, welche den Fenrir erstechen lässt, findet sich deshalb keine Spur davon; im Vafthrudnisliede zerreißt Vidar die Kiefer, aber der Schuh wird nicht erwähnt. Dafür kennt ihn die prosaische Edda in verschiedener Gestalt: als dicken Schuh, als Eisenschuh, auch als von den Abgängen menschlicher Schuhe gefertigt. An letzter Stelle wird nun die Anmerkung gemacht, wie verdienstlich es sei, diese Lederflecke bei Seite zu werfen, da sie zu Vidars Schuh verbraucht würden. Das ist nach allem ein sehr junger unmythischer Einfall, auf den hin der Ariosoph Simrock den Schuh nicht als die guten Werke hätte deuten sollen. Ließ man Vidars Kampf gegen Fenrir so führen, dass der Gott in den Rachen des Untiers trat, so möchte natürlich sein Fuß geschützt werden. Die Überlieferung selbst tut dies mit verschiedenen Mitteln, bald mit Eisen, bald mit dick über einander genähten Lederstreifen und hat gewiss weitere allegorische Bedeutung nicht hinein gelegt. Die Sitte des Totenschuhs ist mit Vidars Schuh nicht zu verwechseln.

In wie fern Loki Fenris Vater heißen kann, will ich dahin gestellt sein lassen. Vielleicht brachten nur die verderblichen Eigenschaften beider diese Verwandtschaft zuwege; vielleicht war aber auch in der anfänglichen Anlage des Feuergottes seine Gewalt über das Wasser so stark ausgebildet, dass er den Geist der Meeresfinsternis erzeugen konnte. An Fenris Beurteilung ändert sich nichts, mag man der einen oder der andern Meinung beipflichten. Lokis Vaterschaft zur Weltschlange scheint mir jetzt auf ethische, nicht auf elementare Gründe gestützt.

Zu den feindlichen Wesen von Fenris Art gehört Midvitnir, der Sohn Söckmimis. Midvitnir heißt der Mittenwolf, der Feind der Erde; Söckmimir ist, so weit mir sein Name deutlich wurde, ein Wasserriese. Odin betrog ihn unter dem Namen Svidrir (Beschwichtiger) und tötete dann den Sohn; er, der Beherrscher der Gewässer, stillte Söckmimis Wogen, um den Kampf gegen die feindliche Geburt des Meeres leichter führen zu können.

Noch ein Meerriese tritt aus den nordischen Mythen größer heraus, nämlich Hymir. Das einfache Wort hum kennt das altnordische mit dem Begriff Dunkelheit und Meer; genauere Forschung ergibt für Hymir dieselbe Bedeutung wie für Hle; er ist der Gedeckte, Dunkle, Schattige. Thiassi, der mit Gang und Id ein Sohn des gewaltigen Urmeerriesens ist, heißt auch Hymis Abkömmling (attrunnr), und wie die Götter das Himmelsgewölbe aus des Riesen Ymir Hirnschale bildeten, so heißt in der Skaldensprache der Himmel Hymis Schädel. Leider weiß nur eine Mythe von unserm Thursen zu erzählen. Wie die Hymisquida vorträgt, fuhr Thor in Begleitung Tys, des Sohnes Hymis, zu dem alten Riesen, der östlich von den Elivagar wohnte, um dessen Kessel zu erwerben. Die schöne leuchtende Mutter Tys empfingt die Gäste gütig, während die Ahne mit neunhundert Köpfen ihren Groll wider den Donnerer nicht verhehlt. Hymir kehrt heim, als Reiffriese geschildert. Thor soll den Kessel nur nach Kraftproben erhalten: die erste (und allein die echte) ist eine Fahrt in die See, wo er mit der Weltschlange einen Streit besteht; die andern sind aus Lust am Märchenhaften und Grotesken zugedichtet. Thor erwirbt den Kessel. Unser Lied lässt nun, wie das bei mehreren der Abenteuer Thors sich findet, den Thursen dem beutefrohen Gotte nachsetzen, aber dessen Hammer übel fühlen.

In der Darstellung der prosaischen Edda ist der Kampf mit dem Mitgartswurm der Kern der Begebenheit und Ty so wie der Kessel fehlen ganz. Indessen muss der Kessel in dieser Sage alt sein, denn er ist ein

95

echtes Hausgerät Hymis, da er das Meer versinnbildlicht, wie schon bei Oegir bemerkt ward, mit dem Hymir die gutmütigen Züge teilt. Wichtig ist die ausdrückliche Angabe, dass Ty Hymis Sohn war; es erklärt sich aus der sinnlichen Wahrnehmung des Aufsteigens der Gestirne aus der See. Ty ist also einer der ältesten Götter im Kreise der Ansen. Die bildsame höhere Art aller Himmelsgottheiten bewirkte, dass er den Riesen nicht überlassen blieb.

Bei der Meerfahrt Hymis mit Thor erzählt das Lied, um des Riesen Stärke zu schildern, dass er an seiner Angel Walfische emporhob. Gleiches berichtet die Skalda von einem Jöten Vidblindi. Wahrscheinlich ist er mit Hymir eins, so wie Helblindi ein bekannter Beiname Oegis war. Beide Namen beziehen sich auf die Dunkelheit im Meeresschosse und schlagen an die Tür zum Totenreiche des Seegottes. Vielleicht gehört das Meerweib Glyrna (die Blinzlerin) zu dieser Familie.

Aus den übrigen nordischen Wasserwesen ragen noch einige hervor. Zuerst die Sippe Lokis. Er heißt ein Sohn des Farbauti, eines dunklen Seegeistes, dessen Name gleich dem des Hafli einen Seemann bezeichnet. Die Mutter ist Laufey oder Nal, über deren Namen ich zu keinem befriedigenden Abschlusse gelange. Laufey, die Belaubte, kann ein Beiwort der Erdgöttin sein; bei Nal ziehe ich die ähnlich benannten Riesinnen Horn, Hryga (Dorn) und Hremsa (Pfeil, Kralle) um so eher heran, als in einer Neunzahl von Meerweibern Nal und Hremsa zusammen genannt werden. Ich deute diese Namen auf die Klippen und Riffe der See, und fasse Lokis Weib Angurboda gleicherweise. Dieselbe heißt freilich wörtlich die Angst- oder Notbotin, und ist es durch ihre echten oder unechten Kinder Midgardsorm, Fenrir und Hel im höchsten Maße; indessen kann sie auch ein Wesen der Riffbrandung sein, welche den Schiffern Bedrängnis verkündet. Gymis Gattin Örboda lege ich ganz ebenso aus. Vielleicht ist ein älterer Name der Mutter Lokis Hvedra, denn der wortverwandte Riese Hvedrungr muss mit Loki zuletzt eins gewesen sein, da Fenrir Hvedrungs Sohn und Hel seine Tochter heißt. Hvedra heißt die Murmlerin, Rauscherin, und ist also ein Wasserweib.

Das rauschende Meer versinnlichen noch die Riesen Gelmir und Thrudgelmir, wobei wir an Ymis Beinamen Örgelmir denken. Die gekräuselten Wellen fahren mit Sveipinfalda, der Kraussaumigen an unsern Augen vorüber, und die unermüdliche Wachsamkeit der nimmerschlafenden See dürfen wir vielleicht aus Vardrun herauslesen, obschon uns der Name auch bei menschlichen Mädchen begegnet.

Von den Seeriesen zu den zahlreichen elbischen Meergeistern mögen uns Saekarl und Saemennil führen, die von der Skalde, ausdrücklich zu userm Geschlechte eingereiht werden, und Margerd, die unter neun Meerriesinnen genannt ist. Einer macht sich unter diesem Nachtrab besonders bemerklich, der Robbenfänger Selfang, der auf den Seehunden geritten sein mag, ihre Barthaare als Zügel fassend, wie solche Sagen von seinen Genossen erzählen.

Auch die Deutschen an der Nord- und Ostsee haben ihre Riesen des Meeres gekannt, wie noch heutige Sagen von Teufeln und Geistern der Fluten andeuten. Eine uralte Geburt der Nordseeküsten scheint Wate zu sein, welcher noch in der Heldensage sein riesisches Wesen kenntlich behielt, und die daher steigende schwellende Flut der See verbildlicht haben mag. In seiner Heimat entstand auch die Sage von Grendel, dessen Besiegung durch Beovulf sächsische Lieder besangen, welche nach Dänemark und England verpflanzt, sich dort lokalisierten, und die in angelsächsischen Fassung die wertvollsten Bruchstücke unserer ältesten Heldendichtung ausmachen. Grendel, ein Ungetüm, das mit seiner furchtbaren Mutter auf dem Grunde einer waldumdunkelten düstern Seebucht in bleich beleuchteter großer Halle haust, bricht nächtlich in das Land, tötet und raubt die Männer, verödet die Sitze der Freude und wird endlich von Beovulf zu Tode verwundet. Die Siegeswonne stört jedoch, den Sohn rächend, Grendels Mutter. Da beschließt der Held dieselbe im eigenen Hause aufzusuchen, taucht hinunter in die schauerlichen Gewässer und erlegt nach verzweifeltem Kampfe die Meerwölfin.

Der erste Blick erkennt hier riesische und böse Meergeister; eine Mutter mit ihrem Sohne zeigen sich, wie solche Paarung auch sonst in der Riesen- und Teufelssage geschieht. Grendel heißt der Zerbrechende, Schadenvolle, Räuberische; den Namen seiner Mutter kennen wir nicht. Bereits Müllenhoff erklärte beide für Dämonen des wilden Meeres, das sich über die flachen Küstenländer der Nordsee ergießt, Tod und Verderben verbreitend, und das nur durch göttliche Hilfe gebändigt werden kann. In Beovulf sah Müllenhoff den Fro.

Der dritte Teil der Beovulflieder schildert den Kampf des greisen Königs Beovulf gegen einen Drachen, der sein Land verwüstend auf großem Schatze in einer Höhle nahe dem Meeresstrande haust. Das Verlangen nach den Reichtümern, jedenfalls aber zugleich der Trieb die Seinen von dem Schaden zu befreien, drängen den alten Helden zum Kampfe, worin er zwar mit Beistand des jungen Wiglaf den Wurm erlegt, aber auch den Tod findet.

Diese Schlangen oder Würmer, welche früh mit der ungermanischen Vorstellung fliegender feuriger Drachen vermischt wurden, erscheinen bekanntlich in unsern Sagen und Mythen häufig. Reich und sorgsam ihren Schatz hütend, reizen sie die Helden zum Angriffe; andrerseits verlangt der Schaden, den sie den Gegenden, wo sie hausen, bringen, kräftige Abwehr. Ihre älteste Erscheinung, den Mitgartswurm, lernten wir schon kennen und fanden dabei in der Schlange das mythische Bild der Wassergewalt. Noch nach Anleitung der heutigen Volkssage ist bei der Erzählung von Drachen oder riesigen Würmern stets an Verwüstungen der See oder im Binnenlande von Strömen, Bächen oder plötzlichen Bergwassern zu denken. Schützt Kraft und Einsieht endlich das Land dagegen, so wird ein großer Schatz, das Gedeihen der ganzen Gegend, hierdurch erkämpft. Doch mischt sich auch der Gedanke ein, dass die Wassergeister überhaupt reich an Gold sind. Aus ihrer Verderblichkeit entwickelt sich von selbst der unterweltliche Schimmer solcher Drachen; und durch den Gegensatz des ganzen Geschlechtes zum Lichte empfangen sie zugleich den nächtlichen Zug.

Ich werde diesen Kreis nicht näher erforschen; nur einer der alten Drachen, Fafnir, verlangt einige Worte der Besprechung. Er scheint zwar nicht riesischer Abkunft, trägt jedoch völlig riesenhafte Züge. Sein Vater ist Hreidmar, seine Brüder sind Otar und Zwerg Regin, seine Schwestern Lofnheid und Lyngheid. Den Schatz hütend liegt er auf der Gnitaheide und macht täglich seinen Gang darüber, dass alles Land erbebt. Siegfried ersticht ihn auf Regins Antrieb, indem er unter den Pfad des Wurms Gruben gräbt und ihm von unten beikommt. Das eigentliche Wesen der ganzen Mythe werde ich ebenso wenig ergründen, wie die Zugehörigkeit von Hreidmars Geschlecht, das dem nordischen Stamme gleich Siegfried und den Nibelungen erst von Deutschland her bekannt wurde. Nur der Wurm Fafnir geht uns an. Er ist der gewaltige Strom der sich donnernd über die flache Heide ergießt (man denke an die niederrheinische Ebene) und der dann recht schauerlich seinen Schreckenshelm (oegishialm) aufgesetzt hat. Sein Name gehört zu einem verschollenen Stamme der A-Klasse, aus dem auch der sächsische Name des Meeres fifel (fifelvoeg, fifelstream, fifeldor) entsprang: die Grundbedeutung war bewegen, beweglich sein, und Fafnir heißt also der Bewegliche, schnellend Fortschießende. Durch seine Klugheit und Voraussicht zeigt er sich auch geistigerseits als bedeutender Wassergeist. Seine durch und durch mythische Art wirft auf seine Verwandten ein beachtenswertes Licht; es ist eine Trilogie, welche ihren elementaren Ursprung nicht verleugnen kann.

Für die Kenntnis der Riesenwürmer gewährt die Erzählung von Grim, mit dem Beinamen Oegir, manchen Anhaltspunkt, da trotz der jungen Überlieferung die Grundstoffe überraschend deutlich sich sondern lassen. Grim ist der Sohn einer Meerriesin (siogygr), die ihn auf der dännischen Hlesey aussetzte, worauf sich die Wala Groa seiner annahm und ihn erzog. Er konnte im Meere leben „weshalb er Oegir genannt war"; er verwandelte sich in die verschiedensten Tiere, hatte einen heißen Atem, der selbst durch die Rüstungen brannte, und spie abwechselnd Gift und Feuer. Auch fraß er rohes Fleisch und saugte Menschen und Tieren das Blut aus.

Ein riesenhafter Stromriese des Nordens zum Abschluss, Starkad Aludreng, der an den Wasserfällen des Alastroms wohnte und durch seinen Namen wie durch seine acht Hände die riesische Stärke verrät. Eine anziehende Sage von seinen Liebschaften wird von ihm erzählt. Er war mit der Riesin Ögn Alfasprengi verlobt, einer gefürchteten Feindin des Elbengeschlechts. Sie wird ihm jedoch während seiner Abwesenheit bei den Elivagar von Hergrim, einem Halbriesen, geraubt. Es kommt deshalb zum Holmgang; Hergrim fällt und Ögn tötet sich selbst, weil sie den Starkad hasst. Dieser sah hierauf bei einem Herbstfeste in Alfaheim die schöne Tochter des Elbenkönigs, Alfhild, und entführte sie gewaltsam in der nächsten Nacht. Der Vater flehte zu Thor um Rache und der Gott erhörte ihn; er erschlug den Riesen und gab Alfhild dem Vater wieder. Sie gebar einen Sohn, Storvirk genannt, der mit Ani vom norwegischen Halogaland den jungen Starkad zeugte, welcher seines Ahnen würdige Krafttaten verübte. Der alte Starkad zeigt sich durch seine Viermännerkraft und seine Verbindung mit riesischen und elbischen Wesen als einen Jöten, der nach seinem Hause am Strome zu urteilen, den Wasserriesen zugehört. Im Übrigen ist die Erzählung eine Entführungsgeschichte, wie unsere Vorzeit sie liebte.

2. Die Luftriesen.

Wie das Wasser schon in der ältesten Zeit in erhabenen Gestalten in seinem mythischen Einfluss auf das Bestehende einwirkt, so erwuchs auch aus der Luft ein hochgewaltiges Geschlecht, dessen einzelne Teile uns jetzt beschäftigen sollen.

Als erster Gemahl der Nacht (Nott) erschien Anar, welcher mit ihr die Jörd zeugte. Wir erkannten ihn als die Kraft des Lufthauchs, des Windes, und erklärten ihn für eine der ältesten riesischen Geburten. Anar ist nach dieser

Tat ganz aus den Mythen verschwunden; sein Wiederglanz scheint Andud, von dem aber auch nur der Name blieb. Gleicherweise knüpft sich keine Erzählung an den Riesen Vind, über den freilich kein weiterer Zweifel sein darf. Wie manche alte Sagen und Sprüche bis heute verraten, war Wint auch in Deutschland zur himmlischen Gestalt erhoben und jagte mit seiner Brut (der Windsbraut), welche der heutige Volksmund hier und da die Frau Windin nennt, über unsere Wälder und Felder. In solchen Vergöttlichungen, wie Wint ist, tritt der ganze Vorgang der Religionsbildung lehrreich an unserem Auge gegenüber. Zu diesen Anfängen gehört auch der nordische Hraesvelg, Dieser Riese sitzt als Adler an den Enden des Himmels und erregt mit dem Schlage seiner mächtigen Fittiche den Sturm. Sein Name heißt Leichenschwelg, teils weil der Wind die unbestatteten Leichen trocknet und verstreut, teils ist es eine dichterische Benennung der Are (Adler), die mit den Raben und Wölfen ihre Freude am Walfelde haben. Die Riesennamen Örnir und Arngrim bekunden daher auch Wesen des Sturmes, so wie auch der Unholdenkönig Agdi hierher zu ziehen ist, dessen Name aus egdir (Adler) gedeutet wird. Er herrscht über das Herad Grundir zwischen Jötunheim und Risaland und fällt wahrscheinlich mit Agdi, dem Sohne Thryms, ursprünglich zusammen, der mütterlicher Seits von dem Jöten Svadi, väterlicher von Forniot abstammt. Zugleich mag erwähnt sein, dass mehrere Thursen, wie Thiassi und Suttung, die Fähigkeit sich in Adler zu wandeln (arnhamr) besaßen. Auch Odins Zuname Arnhöfdi ist ein Zeichen seiner Luftherrschaft, so wie eine Spur, dass er in einer alten Zeit mit einem Adlerkopfe vorgestellt worden sein mag. Nahm doch auch Zeus zuweilen Argestalt an.

In jener Dreibrüderschaft, welche den Urriesen Forniot zum Vater hat, ist Kari der Herrscher der Winde. Ein Abkömmling sehr kalter Art bezeichnet ihn selbst als den kalten winterlichen Luftgott; denn Frosti, der Frost, nach anderer Überlieferung gar Jökul, der Eisberg, ist sein Sohn. Frosti zeugt den König Snae (Schnee), von dem Thorri (trockene Kälte) und die Töchter Fönn, Drifa, Möll abstammen, worin verschiedene Arten des Schneefalls versinnlicht sind, eine Sippe also, die sich selbst erklärt und deren Übergang in geschichtliche Sage keinen weiteren mythischen Gewinn gewährt.

Ähnlich wie Kari erscheint Alvaldis Sohn, der Bruder Gangs und Ids, Thiassi. Dieser gibt sich als gewaltige Gottheit ältester Ordnung noch überall zu erkennen. Sein Name führt zunächst mit ungebrochenem *i* auf pissa, was im angelsächsischen samt der Nebenform pisa in der Bedeutung

Geräusch, Getöse begegnet und zu einem Stamme pat (pit, pat) gehört, den wir besser in der U-Klasse entfaltet kennen, in dem altnord. piota (paut, pautum) angels. Peotan, althochd. Diozan. Aus der U-Klasse stammen die altnordischen pys und pausa Geräusch, Lärm. Thiassi heißt demnach der Rauschende, Brausende und hat dem entsprechend seinen Sitz im Hochgebirge, im sausenden Thrymheim, weshalb er auch Bergwolf (fiallgyldir) genannt wird. Sein Wesen enthüllt der Mythos vom Raube Iduns.

Die Götter Odin, Loki und Hoenir sieden auf einer Wanderung einen Ochsen und können ihn nicht gar sieden. Thiassi, der als Adler über ihnen im Baume sitzt, hindert es, bis sie ihm ein Stück zur Sättigung versprechen. Doch greift er so unbescheiden zu, dass Loki im Zorn eine Stange in seinen Leib stößt. Der Adler zieht ihn dafür mit sich im Fluge fort und schleift ihn jammervoll über Erde und Gesträuch, denn Lokis Hände sind so an die Stange gebannt. Endlich lässt er ihn los, als der Gott geschworen hat, Idun samt ihren Äpfeln auszuliefern. – Loki lockt die Göttin in den Wald, wo Thiassi sie erwartet und in sein Heim entführt. Da beginnen die Ansen zu altern und ergrauen und forschen ängstlich nach dem Anstifter. Loki wird entdeckt und soll bei Todesstrafe Idun zurückschaffen. Er fliegt als Falke nach Thrymheim, findet den Riesen zum Glücke nicht zu Hause, da er auf die See ist, und nimmt Idun, zur Nuss verwandelt, mit sich. Doch Thiassi entdeckt bei seiner baldigen Rückkehr den Raub und setzt sofort als Aar dem Falken nach. Ein Feuer, von den Göttern um ihren Hof angezündet, rettet Loki, der Adler fliegt in die Glut, die Ansen stürzen auf ihn und Thor erschlägt ihn. Zum Andenken daran hat er Thiassis Augen als Sternbild an den Himmel versetzt.

Uhland hat den Mythos gedeutet und ich habe eine im Ganzen zustimmende Auffassung schon früher mitgeteilt. Doch müssen wir uns auch hier nur an die Hauptsachen halten und das Nebenwerk als solches betrachten.

Thiassi ist ein Sturmriese des nordischen Hochgebirges, der im unermüdlichen Kriege gegen die Ansen ihnen die Lebenskraft wegzunehmen bestrebt ist. Es ist der Kampf um das jugendliche Blühen der Erde, welches die Riesen im Zorne über ihre Vertreibung entführen wollen, und auch auf eine Zeit, im Winter, gefangen nehmen. Nur die Wärme kann retten. Loki zeigt sich als der laue Frühlingswind, der jedoch den winterlichen Sturm zu einem letzten verzweifelten Ausfall treibt. Der Sommer ist jedoch eingetreten; der Eismann schmilzt, als der Donnergott in seiner Kraft auf ihn sich wirft. Ein Doppelstern der im Lenz besonders hell am Himmel steht, muss unter Thiassis Augen verstanden werden.

Ganz dieselbe Anschauung bringt der Mythos von Thrym in ein anderes Bild. Während Thor schlief, hat Thrym dessen Hammer Miöllnir in seine Gewalt bekommen und acht Rasten unter der Erde versteckt. Loki erkundet das, indem er nach der Riesenwelt fliegt und den Thursenfürsten selbst befragt, der unter seinen Rossen und Hunden sitzt. Er will nur gegen Freyas Besitz den Hammer herausgeben; und das ist eine schwere Aufgabe, denn Freya wallt im höchsten Zorne auf, als ihr dieser Antrag mitgeteilt wird, und doch muss Miöllnir zurückkommen, wenn nicht schweres Verderben hereinbrechen soll. Da entschließt sich Thor, obschon sehr schwer, als Freya verkleidet zu Thrym zu fahren und Loki begleitet ihn als Magd. Das Hochzeitmal ist angerichtet, der Riese freut sich der Braut. Aber er wundert sich über das ungeheure Essen und Trinken der schönen Göttin, und stürzt entsetzt zurück, als er unter ihren Schleier blickt und die feurigen Augen sieht. Loki beruhigt ihn mit dem Hunger und der Schlaflosigkeit, die Freya aus Sehnsucht nach ihm gelitten habe. Da verlangt der Bräutigam die Weihe der Ehe und der Hammer wird gebracht, nach der Sitte den Schoss der Braut zu berühren. Thors Herz lacht beim Anblicke Miöllnirs auf; er ergreift ihn und schwingt ihn wetternd über Thrym und seine ganze Sippe.

Gewöhnlich fasst man Thrym als alten Gewittergott, der hier dem jüngeren Thor gegenüber gestellt sei. Indessen müsste es dann zu einem wirklichen Zweikampfe kommen, wie in den Mythen von Hrungnir und Geirröd. Davon ist hier keine Spur. Thrym ist nur ein Sturmgott, wie auch sein Name belegen kann; denn pruma heißt allerdings Donner, aber auch Kampf und Hauch, das heißt, er drückt überhaupt den brausenden, sausenden Schall aus. Thrym trägt also einen Namen wie Thiassi, und jenes Lied singt in dichterischer Umhüllung davon, wie der kalte Sturm die Macht des sommerlichen wetterzeugenden Himmels verkürzt und auf die volle Gewalt über die Sinne sein Streben richtet. Doch täuscht er sich über seine Kraft. Anfangs verhüllt, dringen die Mächte der Wärme in sein Haus, gewinnen den Wetterstrahl zurück, und brechen dem kalten Thursenherre den Schädel.

Thrym und Thiassi mögen anfänglich eins gewesen sein: ihre Mythen enthalten denselben Gedanken, ihre Namen stimmen in ihrer Bedeutung. Thiassis Hof heißt Thrymheim, und auch in Nebenzügen gleichen sie einander, indem Thiassi schmuckliebend heißt und das Lied den Thrym schildert, wie er die Mähnen seiner Rosse strählt, den Hunden goldene Halsbänder anlegt, wie er an goldhörnigen Kühen reich ist und schwarze

Stiere und Kleinodien aller Art besitzt. Auch Kari, der außer seinen Kindern ganz im Dunkeln steht, mag nur ein anderer Name desselben einen Sohnes des allwaltenden Urriesen (Forniot Alvaldi) sein. Anfänglich beherrschten sie die Luft im Allgemeinen; später wurden sie auf die winterliche Zeit beschränkt, als Thor, Odin und die anderen ansischen Himmelsgötter emporgekommen waren. Doch zeigt sich ihre eigentliche Anlage noch in Thrym, dem freundliche urväterliche Züge blieben.

Über Bylleyst, den Sohn Farbautis, wissen wir nichts als seinen Namen und dass er ein Sturmriese war. In den Nachkommen jenes dreifach benannten alten Luftgottes tritt die Beschränkung auf den Winter entschiedener noch heraus. Karis Sippe zählten wir schon auf; nur Thiassis Tochter Skadi tritt bedeutender in der Göttersage hervor.

Nach ihres Vaters Erschlagung waffnete sie sich und kam nach Ansgart, um Blutrache zu nehmen; doch die Ansen boten Buße und Sühne und Skadi nahm das an. Zuerst erhielt sie einen Gemahl, den sie nach den Füssen wählen musste, indem der andere Leib verdeckt war. Sie wählte den Niörd, wähnend dass es Baldur sei. Zum zweiten verlangte sie, dass man ihr ein Lachen abgewinne, und das bewirkte Loki durch mancherlei Possen. – Skadis Ehe mit Niörd war nicht glücklich, denn sie wollte ihr väterliches Gut Thrymheim, oben im Gebirge, nicht verlassen und Niörd wollte in seinem Hofe am Seestrand wohnen. Endlich verglichen sie sich und zogen je neun Tage nach Thrymheim und je drei nach Noatun.

Skadi war eine ausgezeichnete Jägerin und Schrittschuhläuferin, dies trägt zur Erkennung ihres eigentlichen Wesens bei. Als Tochter einer Luftgottheit kann sie nur diesem himmlischen Geschlechte angehören, sie ist sozusagen die Windsbraut; deshalb wird sie als Jägerin gedacht, wie Wuotan – Odin die Nachtjagd führt, und auch als Schrittschuhläuferin, da ihr kalter Hauch die Gewässer vereist. Sie schließt mit dem wanischen Gotte der See, dem milden Niörd, nach längerem Hader einen Bund: neun Tage (oder gleichviel neun Monde des Jahres) jagt und stürmt sie in Thrymheim und treibt die Unwetter über den Himmel, drei weilt sie friedlich am Strande. In der Weise ihrer Verheiratung liegt kein mythischer Gehalt. Indem ihre Geschichte ausführlicher behandelt wurde, erhob sich von selbst die Frage, ob Skadi nicht Rache nahm oder nicht Sühne empfing. Wir wissen auch aus anderen und zwar geschichtlichen Erzählungen, dass Mädchen oder Frauen für die erschlagenen Angehörigen einen Gatten zur Sühne erhielten, und zwar öfters den Mörder selbst. Ihre wahrscheinlich ältere Beziehung zu Niörd ward hierdurch neu begründet. Ob das Lachen was Loki ihr entlocken muss, mythisch zu deuten ist, wie Simrock tat, will ich nicht entscheiden. Es ist ein alter wiederkehrender Zug, dass trauernde oder verwünschte Frauen damit erlöst werden. Jedenfalls jünger ist ihre Mutterschaft zu Frey, der gar nicht ihr Sohn ist und sein kann, indem er sich zuletzt nur als Wiedergeburt Niörds ergibt.

Skadis Name bedeutet das schadende Unwetter; doch halte ich diese verderbliche Seite nur für Beschränkung ihrer eigentlichen Art und ihren ursprünglichen Namen für verloren oder versteckt. Anfänglich mag sie mit der Beherrschung der Luft die Leitung der Gestirne vereinigt haben, wie dies den Himmelsgöttern eigen ist. Ihre Bezeichnung als die leuchtende Götterbraut kann daher von ihr selbst abstammen.

Schon von andern ist auf die Berührungen zwischen Skadi und Ullr aufmerksam gemacht worden. Auch dieser ist ein Weidmann, Schrittschuh-läufer, trefflicher Bogenschütze und Fechter, also ein Luftgott mit überwiegend winterlicher Bedeutung, wie dunkel auch seine Geschichte im einzelnen wegen des Mangels an Informationen ist. Sein Name erscheint in doppelter Form, Ull und Ullar, erstere in den eigentlichen mythischen Denkmälern, letztere in Ortsnamen und ist aus Saxos Ollerus zu schließen. Derselbe ist zuerst von Bachlechner richtig mit dem goth. vulpus Herrlichkeit verglichen und die erweiterte Form Ullar zu dem angelsächsischen vuldor gestellt worden, welches in den Gedichten dieses Dialekts für die göttliche Herrlichkeit nicht bloß, sondern auch für Gott den Herrn häufig vorkommt. Bachlechner irrte aber, dass er in Vuldor einen vergöttlichten jütischen Helden sah, während derselbe ganz augenscheinlich ein alter Gott des sächsischen und nordischen Stammes ist, der nicht unbedeutende Verehrung genoss und mit Voden–Odin viel Ähnlichkeit hatte. Nach Saxos Erzählung von Odins Vertreibung aus Byzanz, wählten die Götter den Ollerus zu Odins Stellvertreter, wie andererorts dessen Brüder oder Mitothinus dafür genannt werden. Dass Oller nach des verjagten Rückkehr nach Schweden geht und daselbst bei Ausbreitung seines Kults von den Dänen getötet wurde, führt sich auf die eifersüchtige Gegnerschaft der beiden Götter und die Verdrängung des Ulldienstes durch Odinsgläubige zurück. Ulls Einreibung in Thors Geschlecht (er wird durch Sif, seine Mutter, Stiefsohn Thors) halte ich nur für einen Versuch, ihn dem Ansenkreise besser einzureihen; seine wahre Abkunft ist ganz ins Dunkle gestellt. Hat seine Ähnlichkeit mit Skadi einen tiefen Grund, so gehört er, gleich dem Ty, ursprünglich den Riesen an. Vielleicht machte er mit Skadi ein ähnliches Paar, wie Frey und Freya oder wie Odin und Frigg. Ihre gemeinsame Beziehung zu Baldur, der Ulls Verwandter heißt und zu dem Skadi besondere Vorliebe verrät, bedarf noch der Untersuchung oder eines glücklichen Fundes.

Einmal auf der winterlichen Seite der Riesenwelt wandelnd, betrachten wir bald die anderen Gestalten dieser Gattung, die Reifriesen (hrimpursar), aus denen die Namen Hrimnir, Hrimgrimir und Hrimgerd wie Gletscherspitzen hervorblinken.

Der Winter selbst erscheint in voller Gestalt in Vetr, als dessen Vater Vindsvali (der Windkühle) oder Vindloni genannt wird, den Vasad, der Regenwind, erzeugte. Die Luftveränderungen, welche dem Winter vorausgehen, stehen hier verkörpert vor uns. Ich erinnere daran, dass auch wir Deutschen den Winter als Persönlichkeit dachten und dass das noch heute durch Redensarten und die lebensvollen Sitten bei Vertreibung des Winters und Einführung des Sommers bestätigt wird. Der heutige Popanz in Stroh und Moos oder Pelz, der mit dem weiß und bunt gezierten Sommer in Spruch und Lied und letztlich mit Schlägen streitet, ist freilich ein zahmes Bild des Eisriesen Vetr, welcher die Ganze germanische Welt in seine blanken Fesseln schlägt und sein weißes Schneetuch darüber wirft. Vetrs ganze Sippe war grimmig und kaltherzig (svalbriostir).

Ein verwandtes Haus war das vom Thursen Öskrud, der sich mit Kula vermählte. Öskrud heißt der Brüllende, ist demnach ein Sturmriese, und Kula ist die Kälte; es ist also eine frostige Wintergesellschaft, die sich allmählich mit achtzehn Töchtern vermehrte, worunter Arinnefia, Königin in Lötunheim sich befand. Öskruds Brüder, Gaut und Hildir, zeigen, wie leicht in den jüngeren Geschichten die mythische Grundlage vergessen wird.

Als Zerstörer der Träume vom Urbösen der Riesen schreitet der Jöte Sommer daher. Sumar ist ein Sohn des Svasud, des milden linden Windes. Auch er war bei den deutschen Stämmen persönlich ausgebildet und hat den anmutigen Leib bis heute behalten. Zu seinem Geschlechte zähle ich den Riesen Spretting, welchen die Skalda in ihrem Verzeichnisse nennt.

Wir haben nun zunächst eine Reihe eigentlicher Wind- und Sturmriesen aufzustellen, von denen weiter nichts als der Name blieb. Zuerst ein Paar, dass wortverwandt ist: Gusir und Geysa. Gusir heißt der Bläser, Weher, und Geysa ist ein Wesen der stürmischen Wut oder des wütenden Sturmes. Sehr verständlich heißt ein berühmter Schmid, der in der Sage König von Finnland ist und ursprünglich mit dem Zwerge Gusir oder Gustr eins sein mag, Gusir; denn zum Schmieden gehört das Blasen.

Nach einer Beschwörungsformel gehört der deutsche Fasolt zu den Sturmriesen, so dunkel sein Name sein mag, den noch heutige Geschlechter tragen. Er wird mit Mermeut als gewaltig über das Wetter angerufen. In unsern Gedichten ist er Eckes Bruder, wozu in einer einzigen Quelle, der Vorrede zum Heldenbuch, als dritter Abentrot tritt, den sonst nur die Vilkinasage, und zwar als Bruder von Etgeir (Nentger) Aspilian und Vidolf nennt.

Andere windmachende Thursen sind Stumi, der Keucher, Schnauber, in dem wir den Ahnherrn aller heutigen Dampfer verehren; ferner Skrikja, die Heulerin des Riesenstaates; Kyrmir, der Lärmer oder Randalmacher. Ein Sohn des Windgeräusches ist Hundall, indem hunr aus hvinr Geräusch entstand und dallr (Spross, Schoss) in Zusammensetzungen öfter die Herkunft angibt. Flappvari, wie ich aus Blappvari herstelle, ist ein Windmann: flapr, Wind, ist bekannt; pvari, eigentlich Spieß, muss eine Kennzeichnung des Mannes sein, wie stafr und porn. So wie eypvari, die dichterische Benennung des Stieres, eigentlich Wassermann heißt, begründet in der mythischen Verbindung jenes Tieres mit dem Wasser, so wird sich Flappvari, Windmann, wohl noch einmal als Beiwort des Adlers sich finden.

Als Sturmriesen werden Grimolf und seine Söhne Grimar und Grimir geschildert, wobei erinnert sein mag, dass Grimr, Grimar und Grimnir auch Beinamen Odins und sogar des Bockes sind. Örgrimnir ist ein Ahnherr dieser Reihe.

Ein besonderer Herr stellt sich im deutschen Riesen Glockenboz dar, welcher die Glocken mit seinem Sturmfinger schlägt, wobei zugleich die Feindschaft aller heidnischen Wesen gegen die kirchlichen Geräte und vornehmlich die Glocken mitwirkt. Klingelbolt mag sein Vetter sein.

In mehreren der überlieferten Riesennamen tritt die zerstörende, namentlich die waldfeindliche Gewalt des Sturms hervor. Hröqvir schüttelt den Wald, Hraudnir rodet und verwüstet ihn; sie haben gleichgesinnte in den deutschen Riesen Fellenwalt, Rümenwalt, Schellenwalt, die im Gedichte von Dietrich und seinen Gesellen als Gegner des Kreises des Berner geschildert sind. Felle im Reinfried von Braunschweig gehört zur Sippe. In Skorir haben wir einen Baumfäller und in Skrati oder Skratti einen Baum-reißer oder -Spalter. Dies Wort, das im hochdeutschen Schraz erhalten ist und in Schrat einen nahen Verwandten hat, gehört zu der, in allen drei Vokalklassen, zugleich mit dreifacher konsonantischer Veränderung, auftretenden Wurzel SRT mit der Bedeutung reißen, spalten, schneiden.

Aus der U-Klasse derselben empfing der vierarmige Riese Schrutan des Rosengarten seinen Namen.

Doch sind das noch zarte Mächte gegen die Wesen der hochgebirgischen Schrecken. Da lernen wir den Felsenstoz kennen, auch einen Riesen der Dietrichskämpfe, und vor allen Runze oder wie sie richtiger heißt Runse, Eckes Vaterschwester, nach der Vorrede zu Grimms „Heldenbuch", die Mutter Zerres und Weldrichs, die noch in der jetzigen Tiroler Volksfantasie wütet. Die Runsa ist ein wildes, wüstes Wald- und Alpenweib von schreckhaftem Aussehen; doch sind ihre Wirkungen noch schrecklicher, jene Schlammgüsse nämlich, die bei heftigem Regen aus den Hochgebirgen niederstürzen und Erde, Bäume, Hütten und Felsen fortreißend über die Abhänge und Täler die grausigsten Verwüstungen schüttet. Solche Runsen hausen leider viele in den Tiroler und Schweizer Alpen. Und auch die norwegischen Gebirge scheinen so böse Riesinnen zu kennen, denn Leirvör, die Lehmige, Schlammige, mag niemand anders sein als eine nordische Runse.

Solche Gestalten sind den Gewitterriesen eng verbunden; betrachten wir, was von diesen erhalten ist. Am besten von ihnen sind im Saale der nordischen Göttergesellschaft Vingnir und Hlora gesetzt, die Pflegeeltern Thors, deren riesische Art keinem Bedenken unterliegt. Vignir ist der Schüttelnde, Rüttelnde, Hlora die Brüllende, Tosende. So heißt auch der Donnergott selbst Vingpor, Schütteldonner, und Hlora, der brüllend saust, Rauschewetter. Neben Hlora haben wir einen Riesen Hloi und andere tosende donnernde Wesen, voll Wirkung auf das Gewitter: Glaumar nämlich und die Weiber Glumra und Jarnglumra.

Bedeutender ist die Riesin Grid gewesen. Ihr Name bezeichnet nur die Heftigkeit ihres Wesen, aber wir wissen, das der Name sich auf ihre Fähigkeit Unwetter zu erregen und ihre Herrschaft über das Gewitter bezieht. Sie fällt mit jener Unholdin Grid zusammen, welche nach der entstellenden jüngeren Erzählung Platzregen, Sturm und Hagel aus ihrer Nase bläst. Edler erscheint sie noch in der Mythe von Thors Fahrt zu Geirröd. Der Wettergott ist bekanntlich auf dem Wege zu diesem gefährlichen Thursen ohne seinen Kraftgürtel, seine Handschuhe und seinen Hammer. Er kehrt bei Grid, der Mutter Gott Vidars, des Schweigsamen ein und diese leiht ihm ihren Gürtel, ihre Eisenhandschuhe und ihren Stab, womit er die Gefahr bei Geirröd überwindet. Gürtel und Handschuh bezeichnen ihre unbezwingliche, alles packende Kraft, der Stab ihre Herrschaft über das Wetter. Thor, der gegen einen hochgebirgischen

Wetterriesen zu kämpfen hat, bedarf ihrer Unterstützung; denn an sich könnte er die Grenze der Riesenwelt nicht überschreiten, wie der Mythos von Hrungnir lehrt. Sie steht zwischen jenen Thursen und den Göttern als Mutter Vidars in der Mitte. Das ist alles so deutlich, dass es einer Reihe unberechtigter Erklärungen bedurfte wie Simrocks Deutung von Geirröd zu Liebe. Er erklärte sich schließlich für eine Unterweltsgöttin, wobei er vergaß, den Namen der schwarzen Grete (swarte Margret, zuarte Margriet) von Grid herzuleiten. Je mehr ich Simrocks vielfache Verdienste achte, um so mehr bedaure ich diese und ähnliche Fehlgriffe, weil sie von der Schar kenntnisloser, für methodisches Forschen unfähiger Leute benützt werden, die sich Raben gleich auf unser deutsches Altertum stürzen.

Geirröd selbst gehört nun vor unsere Betrachtung. Wir kennen ihn aus der schon benützten Mythe von Thors Fahrt zu ihm. Der Gott hat sich aufgemacht, den Riesen zu besuchen. Nach einer wahrscheinlich jüngeren Darstellung brachte ihn Loki dazu. Mit jenen Gaben Grids ausgerüstet, gelangte er zu Vimur, dem größten aller Ströme, und watete hinein. Mitten drin begann das Wasser ihm plötzlich zur Schulter zu schwellen, und siehe, Gialp, Geirröds Tochter, stand über dem Flusse und durch sie wuchs derselbe. Er vertrieb sie mit einem Steinwurf; dann schwang er sich an einem Vogelbeerstrauch am hohen Ufer empor und kam zu des Riesen Hof. Man wies ihn gleich unbedeutenden Fremdling in das Gästehaus. Dort war nur ein Stuhl, und als sich der Donnerer darauf setzte, hob er sich plötzlich gegen das Dach. Da stemmte er den Stab gegen die Sparren und drückte sich gewaltig gegen den Boden. Es gelang; er brach aber hierbei den Töchtern Geirröds, Gialp und Greip, den Rücken, die ihm am Dachgebälk das Genick hatten brechen wollen.

Nun wurde er vor Geirröd gerufen. Der saß auf seinem Hochsitz und die Halle entlang brannten nach gewöhnlicher Sitte Feuer. Daraus wurde ein glühender Eisenkeil genommen, mit dem der Wirt seinem Gaste ein Wettspiel bot. Geirröd warf ihn zuerst, und Thor fing mit seinen Eisenbandschuhen den Keil auf. Er schleuderte ihn zurück und vergeblich barg sich der Riese hinter einer Eisensäule: der Wurf drang hindurch, durchbohrte seinen Leib und flog noch durch die Hauswand in die Erde hinein. So zum Tode getroffen, fand nach Saxo König Gorm den Geruthus, und bei ihm drei Weiber mit gebrochenen Rücken. Sie lagen in einer finstern Stadt in schauerlicher Steinkammer.

Gerade die Verbreitung, welche dieser Mythos hatte, und seine Bearbeitung in der letzten heidnischen und selbst der christlichen Zeit, haben auf seine

Entstellung eingewirkt. Die Abenteuer im Flusse und auf dem Stuhle sind spätere Zusätze, denn Grids Stab dient da nur als Stemme und seine eigentliche Kraft ist dem Bearbeiter ganz unbekannt. Noch weiter ging Saxo, welcher den Mythos selbst nicht erzählt, sondern den König Gorm auf seiner wissenschaftlichen Reise in die Unterwelt führt, um ihm dort, ein Vorläufer Dantes, merkwürdige Sträflinge zu zeigen. Simrock hatte daraufhin unsern Riesen nicht für einen Unterweltsgott erklären sollen.

Geirröd, der Germane, kommt als Mannsname auch sonst im Norden vor und ist hier in vollem Verständnis dem Thursen beigegeben, denn er ist mit einem Wurfgeschosse bewaffnet, der sich Odins Ger und Thors Hammer in seiner Bedeutung als Wetterstrahl zur Seite stellt. Dass unser Bericht die Waffe als Keil benennt, überrascht nicht, weil auch Hrungnir mit einem Keile wirft. Es fällt dabei auf die Steinkeile und Metallkeile ein mythischer Schimmer, die wir in den Altertümersammlungen zu Hunderten vorweisen können. Auch unsere Vorzeit schrieb sie der ältesten Periode zu. Wahrscheinlich wurde nur wegen des Feuers in der Halle der Steinkeil Geirröds in einen eisernen verwandelt. Wie dem auch sei, dieses Geschoss ist das Bild des Blitzes; der einfache Kern und der älteste Gehalt unserer Sage ist ein Wettkampf zwischen dem alten riesischen Wettergotte und Thor, woran sich erst allmählich das Andere ansetzte. Wenn der norwegische Bauer am Gebirge zwei Gewitter gegeneinander stoßen sah, erinnerte er sich des Kampfes Thors und Geirröds, wie ein solcher Mythos das Naturereignis erzeugt hatte.

Ein ähnliches Bild gab den Anlass zu der Sage von Thors Kampfe gegen Hrungnir. Der Donnergott war von diesem Riesen zum Zweikampfe nach Griottunagard gefordert. Hrungnir hatte sich dort aufgestellt, das steinerne dreieckige Herz in der Brust und das steinerne Haupt noch durch einen dicken und breiten Schild von Stein bedeckt. Neben ihn pflanzten die Jöten. zum Kampfgenossen den Möckrkalfi, der aus Lehm neun Meilen hoch und drei über die Brust breit gemacht war. Damit er Herz habe, hingen sie ihm ein Stutenherz in den Leib. Doch ist ein solches, wie die nordische Rede meint, nicht mutig, und so ließ Möckrkalfi vor Angst sein Wasser, als Thor im Donnerwagen und in Flammen Berge daher rollte. Des Gottes Diener Thialfi lief voraus und trat höhnend vor Hrungnir: „Narr, der du bist, hältst den Schild vor dich und weißt nicht, dass Thor von unten herauf fährt." Da warf der Riese seinen Steinschild unter die Füsse und stand ungedeckt dem Feinde gegenüber. Er fasst mit beiden Fäusten seinen ungeheuren Wetzsteinkeil, Thor schwingt den Miöllnir: die Geschosse fuhren in der

Luft an einander. Der Stein zersplittert und ein Stück fährt in Thors Kopf; der Hammer des Gottes aber trifft und zerschmettert Hrungnis Schädel. Beide stürzen zu Boden; des sterbenden Riesen Bein fällt über Thors Hals und keiner vermag ihn davon zu befreien, bis sein dreijähriger Sohn Magni kommt. Gegen Möckrkalfi hatte Thialfi ein leichtes Spiel gehabt.

Hrungnir heißt der Rauschende, Schallende; er ist ein Riese des tosenden Unwetters im Gebirge, das sich verwüstend über die milderen Abhänge stürzt und zur Freude des Menschengeschlechts, Thor, durch das vorwärtstragen des Anbaus geschwächt oder ganz besiegt wird. Der Kampfplatz in Griottunagard, im Geröllfelde, an der Grenze des bebauten Landes, ist bezeichnend, ebenso die steinerne Ausrüstung des Riesen. Er ist das Unwetter des nackten Felsgebirges, das mit Geröllsturz herniederbraust, vom Gewitter gerüttelt und gelöst wurde. Wir sind in die Alpenwelt versetzt, wo Hrungnir noch jährlich seine Kraft zeigt und Thor oft genug nicht so siegreich wie im Mythos gegen ihn kämpft. Aber auch der Sieg ist nicht vollkommen, denn der schützende Anbau ist im Anfang kümmerlich und wird oft genug beschädigt.

Möckrkalfi, Nebelwade, ist eine komische Gestalt, die nicht von Anfang in der Sage vorhanden war und erst mit Thialfi, um diesen zu beschäftigen, hineinkam. Uhland deutet ihn als den zähen wässrigen Lehmboden am dunstigen Fuße des Steingebirges.

Wo in den bisher mitgeteilten Mythen die Riesen mit den Ansen zusammentreffen, standen sie dem Thor gegenüber, dem tüchtigen gewaltigen Gotte, der selbst von riesischer Mutter geboren, ein reiches Maß der uralten Elementarkraft in sich trägt. Einen Thursen sehen wir indessen mit Odins Geschichte verflochten, und bemerken deshalb einen ganz andern Zug an ihm wie an den übrigen. Es ist Suttung. Leider wissen wir von ihm zu wenig, um ihm seine volle alte Stellung wiederzugeben; dieselbe kann nicht unbedeutend gewesen sein, da ein Teil der Riesen als seine Söhne bezeichnet werden, und zwar die Reifriesen. Sein Name gibt einigen Aufschluss: Suttungr (Nebenform Suttungi) ist aus Suhtungr assimiliert, und dieses nach dem bekannten Übergange von „vi" in „u" auf älteres Svihtungr zu bringen. Den Stamm svag finden wir mit Ablaut „ö" in altsächs. Suogan, ags. svogan brausend daherfahren, angels. svege als Adjektiv lärmend, als Substantiv Geräusch, Schall, nicht minder in dreifachem Ablaut entfaltet, die Spur in goth. sviglon pfeifen, fölten, goth. sviglja Pfeifer, ahd. swegala Flöte, Pfeife; das goth. svegnjan frohlocken ist dem sächs. svogan nah verwandt. Suttung ist demnach ein Wesen des

Schalles und Gebrauses (sviht) und trägt einen Namen, wie viele Wasser- und Luftriesen. Dass ich ihn den Gewalten des Sturmes einreibe, veranlasst seine Beziehung zu dem Mete der Dichtkunst, und die Erwägung, dass nicht ein Wassergott, sondern Odin Schutzherr der Dichter ist. Für die Riesenzeit herrschte derselbe Grundgedanke vor und auch damals gab das Element der Luft den Boden für die geistigen Gestalten. Wie Suttung zu dem köstlichen Tranke, aus dem die poetische Begeisterung quoll, gelangte, erzählt allerdings die prosaische Edda. Indessen nennen die Bruchstücke einer älteren reineren Darstellung im Havamal den Quasir nicht, jenen weisen Mann, aus dessen Blut durch beigemischten Honig die Zwerge Fialar und Galar den Met bereitet haben sollen, den ihnen Suttung als Wergeld für den erschlagenen Vater Gilling abnahm. Die Mythe von Quasir kann anfänglich für sich bestanden haben und erst als man die Verknüpfung verwandter Sagen liebte, wurde sie mit Suttung verbunden. Weit früher als man Quasir gebildet hatte, mag Suttung als Hüter des Dichtungtrankes bekannt gewesen sein, so wie Mimir in seiner Quelle die Weisheit verwahrte. Gleichwie aus geheimnisvoll murmelndem Wasser die flüsternde Erzählung vergangener und zukünftiger Dinge hervorzusteigen schien, so glaubte das Ohr in dem pfeifenden, lauten Winde den Gesang eines göttlichen Dichters zu hören. Das ganze Wesen unserer alten volkstümlichen Poesie drängte nun dahin, ihr einen riesischen Ursprung zu geben, denn sie ist nicht die freie Erfindung eines erregten Gemütes, eines glühenden Geistes, sondern ein Bericht von dem Geschehenen. Sie ist episch und singt von dem was da war und geschah. Nicht geistvoll und warm, sondern treu und wahr musste das Gedicht sein, welches bei unseren Urahnen Lob und vor allem Glauben finden sollte. So drängt alles darauf, die Riesen als die ältesten Söhne und Zeugen der Geschichte zu Vätern der Dichtkunst zu machen, und es ist ganz folgerichtig, dass Odin, das Glied einer jüngeren Götterkette, nicht aus eigener Kraft den Poetentrank brauen kann, sondern ihn durch List und Gewalt, als Bölverk, den Riesen abgewinnt, welche ihn begreiflicherweise nicht gutwillig hergab. Er sucht, wie die Edda erzählt, zuerst die Vermittlung von Suttungs Bruder Baugi (dem Krummen, d. i. Hinterlistigen) dem er als Knecht dient, wie eine Art Rübezahl. Dieser bringt ihn zu dem Felsen, worin Suttungs Tochter Gunnlöd den köstlichen Met hütet. Der Stein wird durchbohrt, wobei Baugi seinen Namen betätigte und Odin schlüpft als Schlange durch das Loch. Drinnen nimmt er natürlich seine göttliche Gestalt sofort an, verführt das Mädchen und stiehlt den Met. Als Suttung dem Übeltäter (Bölverkr) nachsetzt, findet er seinen Tod. Odin aber reinigt sich durch einen Meineid, um der Rache der Riesen zu entgehen, und vermehrt dadurch die Sünden, welche den Untergang dieser Götter und ihrer Welt herbeirufen.

Wer in diese Erzählung noch viel hineindeutet und namentlich die jüngeren leicht kenntlichen und zugleich unreinen Zusätze allegorisiert, verkennt das Wesen unserer Mythe völlig. Für das geringe Alter der vorliegenden Fassung spricht auch der Name Gunnlöd, der wie Grelöd und Körmlöd nicht nordisch ist. Gunnlöd ist das fränkische Gundoleudis. Den ursprünglichen Namen der jungfräulichen Hüterin des Metes im Odhroerir (Geistbeweger) werden wir schwerlich erraten; gewiss war sie früh in dem Mythos enthalten, denn Anmut und Schönheit sind die natürlichsten Hüterinnen der Poesie. Mit der unreinen Gewinnung des Metes durch Odin hat sich die Zeit, welche dies Stück erdachte, ein sehr schlechtes Denkmal gesetzt.

3. Die Feuerriesen:

Das dritte Element ist das Feuer. In gleicher Nacktheit wie die Luft in Wint, finden wir es in dem Riesen Eld versinnbildlicht und in Logi, dem Sohne Forniots. Von jenem kennen wir nur den Namen, von diesem bloß die Angabe, dass er über das Feuer gebiete und bei König Utgardaloki mit dem ansischen Loki um die Wette fraß. Wie manches Bedenken auch die letzte Erzählung erregt, so bleibt doch merkwürdig, dass er hier deutlich als Feuer des Himmels, als flammender Blitz sich zeigt, woraus wir lernen, dass auch unser Altertum die reine Flamme des Wetters als die älteste betrachtete.

Zu Logi gehört ferner, was von Halogi erzählt wird. Halogi heißt es, sei ein Name Logis von seiner hohen Gestalt gewesen, da er ja zum Riesengeschlechte zählte. Er sei mit Glod vermählt gewesen und zeugte mit ihr zwei Töchter, Eisa und Eimyrja, um welche zwei Jahre Vifil und Veseti freiten, aber Körbe bekamen. Da entführte Vifil die Eisa, segelte ostwärts. nahm die Insel Vifilsey an der schwedischen Küste in Besitz und zeugte den Sohn Viking. Veseti raubte die Eimyrja, fuhr nach Burgundarholm (Bornholm) und setzte in Bui sein Geschlecht fort. Nach König Halogi ward der nördliche Teil Norwegens benannt.

Alle Deutungen stimmen darin überein, dass diese Sage gleich der von Thielvars Gründung Gutlands, ethisch-politischen Sinn hat. Das Feuer stiftet und erhält das Hauswesen; mit Feuer wurden nach altem germanischen Gebrauch wüste Ländereien in Besitz genommen und die

Marken weihend umgangen. Die beiden Inseln Vifilsey und Burgundarholm wurden dieser Erzählung zufolge von Halogaland aus bevölkert. Auf dem größeren fruchtbaren Bornholm ward Ackerbau betrieben, während auf dem kleineren Eilande nur Wikingsfahrt die Männer nährte. Halogaland war der älteste von Germanen besetzte Teil Norwegens, wenigstens der am frühesten politisch geordnete, indem aus ihm zu einer Zeit Könige genannt werden, wo sie in anderen norwegischen Landschaften noch ganz fehlen. Der Name des Landes scheint übrigens nicht von jenem Halogi herzukommen, sondern dieser den Namen vom Lande entlehnt zu haben und die ganze Sage von seinem Geschlechte ist jüngeren Ursprunges, wenn auch auf einen alten religiös-politischen Gedanken gegründet. Die angelsächsische Benennung jener Landschaft, Halgaland, spricht dafür, dass halug für heilag zu nehmen ist; es wäre demnach das Land des Heiligen, nicht des hohen Logi und trägt seinen Namen von der frühesten im Volksbewusstsein geweihten Ansiedlung, mit welcher wahrscheinlich auch der längere Bestand eines Stammheiligtums zusammenhing. Ein Vertreter dieser Heiligkeit wäre unser zu Halogi entstellter Heilagi. Am ehesten denkt man dabei an Thor, den Land- und Stammgott der Norweger; Halogis Tochter, die göttliche Jungfrau Thorgerd Hölgabrudr, könnte dies bestätigen. Sie genoss in Norwegen und auf Island göttliche Verehrung, hatte mit ihrer Schwester Irpa Tempel, und in einigen stand Thors Bild. Beide Schwestern werden auch als Wettermächte geschildert. Damit vereinte sich sehr wohl, dass sie ursprünglich Riesinnen der Feuerwelt waren und dass Eisa und Eimyrja vielleicht ihre anderen Namen sind. Ihre Verbindung mit Thor dürfte nicht überraschen, da derselbe mehrfach in die Thursen hinübergreift.

Indem ich früher die Söhne Forniots und Alvaldis für eins erklärte, tritt ein anderer Name Logis in Idi heran, dem Bruder Thiassis und Gangs. Auch von ihm ist der Name der einzige Rest; er bedeutet den Geschäftigen, Wirkenden. Denn das Feuer ist auch nach unseres Altertums Gefühl die belebende schaffende Kraft im Innern der Erde, von der das Gedeihen des Seienden, die Blüte und die Schönheit stammen. Lodr, der Feuergott, in der menschenbildenden Trilogie, gibt unseren Urahnen das Blut und die hellen Farben, und Idun, deren Name mit unserem Idi zusammenhängt, verleiblicht die Lebenskraft, bei deren Entfernung selbst die Götter zu fahlen Greisen schrumpfen. Möglicherweise ist Ivaldi, Iduns Vater, nur ein anderer Name Idis, und Idun demnach Idis Tochter. Die Namen unterstützten diese Vermutung, dass Ivaldi in unseren Denkmälern als

Zwerg erscheint. Mit der Verdunklung der Riesen übertrug man alle Erdkräfte den Zwergen. Iduns Raub durch Thiassi empfingt dann einen tieferen Grund als die der bloßen Feindschaft gegen die Ansen: es ist ein Versuch, die verlorene Macht wieder zu gewinnen, das eigene Geschlechtseigentum zurückzuerobern und sich in die alte Herrschaft über die Erde wieder zu versetzen.

Die Riesen Im und Imi, die Riesinnen Ima, Imd und Imgerd halte ich auf Grund ihres Namens auch für Wesen des Feuers; ebenso den Thursen Am mit den Weibern Ama und Amgerd. Als Stamm ergibt sich zunächst am, für welchen das sanskrit. Zeitwort *am* den Begriff gehen, pflegen, tönen nachweist, wozu wir die germanischen Sprossen haben: altn. amr und ami Mühe, Anstrengung, altn, norweg. ama sich bewegen, anstrengen. mhd. emezie emsig, anhaltend, häufig. Die nächste Frage ist, in welcher Beziehung die altn. Worte ima Seele, Dunst, Kampf, Zweifel, Wölfin, imr und imar Wolf, imnir und immir Schwert, hierzu stehen, und ob die Länge des „i" hier zu rechtfertigen wäre. Wenn wir altn. eimr und eimi Feuer. Glut, Dampf, eimnir und eimir Schwert, vergleichen, so sehen wir, dass neben dem Verbum ima, am, amum, uminn ein Zeitwort der I-Klasse ima, eim, imum bestand, welches denselben Grundbegriff gehabt hat. In Am und Im und deren Bildungen liegt die Bedeutung des Beweglichen, Strebenden, Rüstigen, ganz wie in Idi , zugleich mit der bestimmten Beziehung auf das Feuer. Eimgeitir, der Feuerzeuger, gehört zur Sippe; an die Riesinnen Eisa und Eimyrja, nach ihren Namen zwei Wesen der Glutasche, lässt sich dabei denken.

Leicht verständlich ist Brandingi; auch für Herkir steht anderwärts die Bedeutung Feuer fest, entwickelt aus dem Begriffe des Heftigen und heftig Prasselnden. Ganz gleich muss der Riese Hripstod erklärt werden, über dessen Zugehörigkeit das Wort hripudr, Feuer, keinen Zweifel lässt, dessen Sinn übrigens erst aus dem Begriffe des Heftigen, Reißenden, Räuberischen abgeleitet ist. In Hripstod wie in Herkir zeigt sich die zerstörende Seite des flammenden Elementes.

Als Feuerkraft ist die Riesin Hyrrokin allgemein anerkannt, welche das Leichenschiff Baldurs mit einem Stoße in See treibt, nachdem sich die Götter vergeblich damit abgemüht hatten. Sie ist der feurige Wirbelwind, der Gewittersturm, welche das festsitzende Fahrzeug vom Strande löst. Eine andere Bedeutung, etwa die sengende Glut nach der Mitsommernacht, vermag ich ihr nicht beizulegen, zumal ich den Mythos von Baldur noch immer nicht physikalisch in den Verlauf des Sommers zu übersetzen mich überwinde. Namentlich die Bestattungsfeierlichkeiten des Gottes sind nicht zu allegorisieren, sondern als epische Darstellung einfach hinzunehmen. Der Hyrrokin steht die Riesin Hyrja nahe, die von dem namensschwachen Erzähler der Geschichte Grimm Lodenwanges mit dem Riesen Hrimnir vom Hochgebirge vermählt wird. In der älteren sich selbst bewussten Zeit wäre die Verbindung eines Reifthursen mit einer Feuerriesin eine natürliche Unmöglichkeit gewesen.

Aus dem Untergange der Welt, der sich an Baldurs Tod anreiht, treten zwei Riesen zu weiterer Erwägung vor. Der erste ist Hrym, von dem die Völuspa berichtet, dass er bei Anbruch des Ragnarökrs von Osten daherfährt, und dass vor ihm die Wogen sich aufbäumen. Schon in der Snorra-Edda machte man ihn aus Missverständnis des Namens und aus Verwechselung mit Hrim zum Führer der Hrimthursen, was auch Simrock neuerdings tat; der geradezu behauptet, sein Name bezeichne ihn als Frostriesen. Wie Hrym und Hrim sind die Begriffe Feuer (altn. hrymr) und Reif geschieden. Die beiden Strophen der Völuspa, auf welche solche Verwirrung sich baut, lauten:

> Hrymr ekr autan, hefiz lind fyrir.
> snyz Jörmungandr i iötunmodi,
> ormr knyr unnir, en ari hlackar,
> slitr nai neffölr: Naglfar losnar.

> Kiöll ferr austan, koma munu Muspells
> of lög lydir. En Loki styrir.
> fara fiflmegir med freka allir
> peim er brodir Bylleysts i för.

Hier steht nichts davon, dass Hrym mit den Hrimthursen kommt, nichts dass er Naglfar steuert, denn es ist gegen unserer altepische Poesie, wenn am Schlusse der Strophe erst von dem Loswerden des Schiffes geredet würde, an deren Anfang er bereits als Daherfahrender erscheint. Der Anfang des ersten Gesetzes läuft meiner Meinung nach mit dem des zweiten parallel; beide singen von dem Heranfahren des Riesenschiffes von Osten. Muspells Söhne, die Kinder der Feuerwelt, sind unleugbar Verwandte Hryms, des Flammenriesen. Der weitere Inhalt der ersten Strophe behandelt die schwellende Wut der Weltschlange und das Beutegeschrei des Adlers, wobei der Gedanke an das Totenschiff Naglfar von selbst kommt. Die zweite Strophe dagegen bleibt bei Loki hängen, der als Steuermann der Feuersöhne sein altes natürliches Wesen wieder empfängt. Die Verwechselung Hryms und Hrims zeigt von Neuem, wie trüb die Quelle Gylfaginning ist, die erst sorgfältig gereinigt werden muss, ehe man daraus trinkt.

Von Süden her fährt zum Weltuntergange Surt, der Riese, der mit lohendem Schwerte in der Feuerwelt saß und nun auf Vigrid oder Oskopnir zum Kampfe gegen die Ansen sich stellt. Er bekämpft und besiegt den Frey. Unterdessen ist Odin von Fenrir verschlungen und dieser dafür von Vidar getötet; Thor und die Weltschlange brachten sich den Tod, Heimdall und Loki, Ty und Garm fielen sämtlich in ihren Zweikämpfen und das Ende ist da. Surt wirft über die ganze Welt das Feuer, vom verdunkelten Himmel fallen die Sterne und das Meer verschlingt die Erde.

Ich habe schon ein andermal über Surt gesprochen. Er heißt der Schwärzer, der Verdunkler und ist der Rauch der brennenden Welt, der zur mythischen Gestalt zusammen gedrängt und zum eigentlichen Ende der alten Ordnung geworden ist, nachdem Loki durch sein Versinken im Schlechten zu solchem Rächeramte unfähig geworden war. Im Besonderen ist Surt der Feind der Gestirne, daher kämpft er gegen Frey; in allgemeiner Auffassung findet sich dieser Gedanke noch in der Strophe der Völuspa, die von der Verdunkelung des Himmels und dem Sturze der Gestirne singt. Er ist ein Kind der südlichen Heimat der gesamten Feuerriesen, aus welcher im Uranfange die Belebung der starren Masse hervorging und die erst nach Einsetzung einer andern Weltleitung und Teilung allmählich zum Sammelort feindlicher Mächte wurde.

Die geringere Reihe der Flammenriesen mag überraschen, da sie zu denen des Wassers und der Luft in keinem Verhältnis steht. Wir werden dieselbe Erscheinung bei den Erdriese bemerken und die Erklärung darin finden, dass eine andere Gattung, die Zwerge, dieses Element als ihr Reich besaßen und nur vereinzelt stärkere und größere Gestalten hier zur Besprechung gelangten.

4. Die Riesen der Erde:

Man wird sich der früheren Bemerkung erinnern, dass die Erde von unserer ältesten Zeit nur als die Grundlage der drei Reiche, nicht als ein selbständiges viertes angesehen wurde, weshalb kein Sohn des Urriesen über sie herrschte, sondern nur ein weiblicher Spross, Jörd, aus der Nott geboren wurde. Unsere Quellen wissen von Jörd nichts, als dass sie mit Odin vermählt, von ihm Mutter Thors ist. In dieser Ehe erkennen wir einen uralten allgemeinen Gedanken; wie Uranos sich mit Gea verband, Zeus mit Demeter, so auch der germanische Himmelsgott mit der Erdgöttin. Die allgemein menschliche Anschauung der Vermählung des Himmels mit der Erde waltet allenthalben. Nur erregt Odin einige Bedenken, weil er angeblich nicht zu den ältesten Gottheiten gehört.

Wenn wir auch seine elementare Eigenschaft als Luft- und Himmelsgott stark herausheben, so kennen wir doch eine ältere Gottheit dieser Art, den Riesen entsprossenen Ty. Er war der erste Gemahl der Jörd und wurde im Norden wenigstens aus dieser Stellung durch Odin verdrängt, als sich dessen Verehrung immer weiter ausbreitete und er die Obergewalt über den religiösen Staatenbund errang. Odin trennte Tys Ehe mit Jörd und vermählte sich mit der großen Göttin selbst; damit wurde er Vater Thors, des halbriesischen Gottes, aus welchem die uralte Abkunft stets hervorschaut und der sich den Stiefvater gefallen lassen musste, wie verächtlich er auch auf dessen Taten herabblickt.

Sohn der Erde (Jardar burr. J. sonr) heißt Thor, aber auch der Fiörgyn (Fiörgynjar burr). Sie ist, wie ihr Name zweifellos andeutet, die Erde als Gebirgsgöttin, die sich vor allen zur Gebärerin des Wettergottes schickt, wie die Bewohner und Anwohner jeden Gebirges wissen. Zu ihrem Geschlecht gehört Jarnsaxa, die Eisenfelsige, mit welcher Thor den Magni, die verleiblichte Kraft, zeugte, ein hartes riesisches Weib. Eine gleichnamige Riesin hatten wir als Wesen der Seeklippen unter Heimdalls Müttern gefunden.

Einen dritten Namen der Jörd lernen wir durch Thor kennen, das ist Hlodyn. Sie entspricht ohne Zweifel der dea Hludana, welche wir durch römische Inschriften als Göttin niederrheinischer Stämme kennen, und gibt sich als die vielgenannte, berühmte mütterliche Gottheit kurzweg kund. Übrigens nahmen die nordischen Dichter Hlodyn für die Erde im Allgemeinen.

Weiteres lässt sich aus unsern Quellen für unsere uralte Jörd nicht schöpfen, denn die Gleichstellung mit Frigg, die mehrfach geschieht, berechtigt nicht, was wir von dieser wissen, auf jene Urgottheit zu übertragen. Dürfen wir von einer sonst bekannten Göttin unsere Unwissenheit bereichern, so ist es von Nerthus, wie Tacitus sie schildert. So denken wir auch Jörd als die fruchtbare, alle Keime bergende große Urmutter. Wie Audhumla (milchreiche Urkuh) andeutet, war ihr die Kuh geweiht; sie ist des Donnerers Mutter, der ein Freund der Menschen war, bewies ihren Verehrern ebenfalls mütterliche Teilnahme. Die geistige Auffassung der Erdkraft und der Weiblichkeit schuf ihre Eigenschaften.

Es ist kaum zu zweifeln, dass auch Rind zu dieser Wesenreihe gehört und es wird auch allgemein angenommen, dass in ihr eine Seite der Jörd gesondert herausgetreten ist. Rind wohnte nach den Edden im Westen und gebar von Odin einen Sohn, Vali, der ungekämmt und ungewaschen, wie ein Krieger, der sich zu großen Taten verlobte, den Mörder Baldurs erschlug; ein deutscher Herkules, der einen Tag alt, bereits in den Streit zog. Rind war auch zauberkundig und sang einmal über Ran einen Runen-Spruch. Ihre Mutter, die in Hrafnagaldur genannt wird, mag die Nacht sein.

Saxo erzählt von ihr in entstellender Weise die Geschichte, wie Odin sich ihrer bemächtigte. Darnach wohnte Rind im Osten (sie ist des Russen-fürsten Tochter). Dem Odin war geweissagt, dass mit ihr allein der Rächer Baldurs erzeugt werden könne, und so zog er an ihres Vaters Hof, warb als siegreicher Feldherr, als kunstreicher Schmid (Rosterus), als junger tüchtiger Reiter um ihre Liebe, aber erntete nur Schläge und Hohn. Da berührte er sie mit seiner Zauberrute und schlug sie mit Wahnsinn. Er nahm nun Frauengestalt an und trat mit dem Namen Vecha in ihren Dienst; er erbot sich die Jungfrau zu heilen, wenn sie zuvor wegen der bitteren Arznei festgehalten würde. Es geschah und er überwältigte sie. Darauf gebar Rind einen Sohn Namens Bous, welcher Baldurs Tod rächte. Für seine unwürdige Handlung verbannten die Götter den Odin aus Byzanz und setzten den Oller an seine Stelle.

Dass Rind sich dem Gotte nicht freiwillig ergibt, scheint Saxo richtig erzählt zu haben; wenigstens sagt auch ein skaldisches Bruchstück, dass Odin gegen sie Zauber brauchte.

Petersen und Simrock haben Rind als die gefrorene eisumrindete Erde gedeutet, welche Odin anfangs vergeblich freit, bis er sie endlich doch bekommt, worauf er aber dem Oller, dem Wintergotte, später auf einige Zeit das Feld räumen müsse. Die erwähnte Auslegung des Baldurmythos äußert hier ihren Einfluss.

Ich nehme Rind nicht als die winterliche, sondern als die noch unbebaute, verschlossene Erde. Im östlichen Island heißt, wie schon F. Magnussen anführte, rindi eine unfruchtbare Landstrecke und in Norwegen bezeichnet Rinde einen spärlich begrasten Erdrücken, eine dünn bewachsene Erhöhung. So mag Rind das wüstliegende Land, die Heide beherrscht haben, die sich der fruchtbaren Umarmung des Himmelsgottes nicht sofort ergibt. Ist indessen nach mancher Anstrengung die Verbindung geschlossen, so entsteht Bui (der Anbauer) oder Ali (der Nährer). Dieser Ali wird zum Vali, nach dem Gedanken, den wir bei Vidar kennen lernten. Die alten im Leben herumgeworfenen und schuldig gewordenen Gottheiten verloren die Fähigkeit zur Rache; es müssen also junge reine Götter auferstehen, die sinnbildlich über unbebautes jungfräuliches Land herrschen und daraus geboren werden. Dass Odins Verbannung ursprünglich auf Rinds Bezauberung erfolgt sei, leugne ich, weil ein so alter Mythos, wie der von der Weltteilung unter Bars Söhne, nicht mit einem so jungen, wie der von Baldurs Tode zusammengehangen hat. Die Verkleidung Odins als Frau sieht sehr mittelalterlich romantisch aus: man erinnere sich an Hugdieterich, der in der deutschen Heldensage der Vater von Wolfdietrich ist, und ähnliche Brautwerber.

Was jener Zauberspruch Rinds über Ran eigentlich bedeutet, weiß ich nicht. Als altriesische Göttinnen standen beide in früher Verbindung. Möglicherweise ist auch Hel ein alter Beiname der Jörd gewesen, der dieselbe als die alles Hehlende oder Bergende bezeichnet. Nur wegen dieser Beziehung zur Erdgottheit zähle ich Hel zu den Riesienen, nicht aber als Tochter Lokis von Angurboda, da hierin keine alte Verwandtschaft liegt. Hel hatte eine reiche Geschichte: als selbstständige Gestalt von der Urmutter abgelöst, ward sie unter die dritte Wurzel des Weltbaumes gesetzt und empfing den Herrscherstab über das Totenreich (heljarheimr). Zu ihr kamen alle auf dem Lande Gestorbenen, während Ran die Ertrunkenen erhielt; erst später mögen ihr Freya, Odin und Thor einen Teil ihrer Untertanen entzogen haben. Wen sie einmal hatte, den hielt sie fest; und das war kein freundlicher Aufenthalt: ihr Reich war nass, kalt und finster, über feuchte Gebirge und dunkle Täler lief neun Tage weit der Helweg. Auch sie selbst sah dunkel und farblos aus, war auch ganz schwarz gedacht. Wird sie schwarz und weiß geschildert, so zeigt sich in der hellen Hälfte die Erinnerung an ihre frühere allgemeine Macht auch über das Leben, so wie Ross und Wagen, von denen noch die Volkssage weiß. Sie als alte große Gottheit gekennzeichnet. Was sonst von ihr erzählt wird, ganz besonders die allegorische Ausstattung ihres Hofes, ist nicht alt. Ihre finsteren Züge erklären sich. So freundlich die mütterliche Göttin der Oberwelt im Volksgemüte sich spiegelt, so düster und furchtbar ist die Göttin der Unterwelt.

So entschieden nun auch das weibliche Geschlecht in der heidnisch religiösen Anschauung der Erde vertreten ist, so fehlt es doch auch nicht an männlichen Bildungen, die daraus hervorgingen. Den Riesen Midi und seine Abkömmling Midjung wüsste ich nicht anders zu erklären, außer als Erdriesen; es sind Mächte der Mitte der Welt. Der Einwurf wäre unberechtigt, dass die Jöten von Midgard ausgeschlossen seien; denn es wäre die Berufung auf eine geographische Mythe, welche mit der ältesten Zeit nichts gemein hat. Wie eine Wurzel der Weltesche, welche bekanntlich die Mitte der Welt durchdringt, von den Riesen gehütet wird, so hängt ihr Wirken und Wachsen in der Erde mit der ältesten Art als Bildner und Beherrscher der ersten Zeit unlösbar zusammen. Die Wesen, welche in Wasser, Luft und Feuer ihre Kraft entfalten, arbeiten auch im Schosse der Erde.

Zweifelhaft ist es, ob wir dem Wort des deutschen Heimes seinem Namen nach mit Midi vergleichen dürfen. Seine vier Ellenbogen, seine Abkunft von Madelger, dem Sohne einer Meerminne, und seine Verbindung mit Wittich bezeugen seinen mythischen Kern, obgleich er im übrigen ein Held des Dietrichkreises war und zuletzt im Kampf gegen einen Riesen umkommen musste. In die Waage kann wohl sein Vorkommen in der Tiroler Sage als wilder Bergriese fallen. Aber genügende Zeugnisse mangeln, um ihm eine bestimmtere Stelle in der Riesenwelt zuzuweisen. Selbst sein Name, falls derselbe zu heim, Welt, gebracht werden darf, gewährt nur schwankenden Boden, da er häufig vorkommt und über „Heim" eigentlichen Namen in den Sagen Unsicherheit herrscht. Überhaupt sieht man an den Riesen der Heldensage oft absichtlich den mythischen Wortgehalt abgestreift.

Einer lebendigen Einbildungskraft bietet sich die Vergleichung der Berge mit Riesenleibern von selbst; wir brauchen nur in unsere Sprache zu greifen, um Belege dafür zu finden. Unser Heidentum beutete diese Vergleichung aus und noch heute erzählt die Sage nordischer und deutscher Bergländer, dass dieser oder jener gewaltige Fels, dieser oder jener Berg ursprünglich ein Riese war. Im Norden hat Thor solche Versteinerungen geschaffen, und nach ihm in gleicher Art S. Olaf. Dabei bemerken wir, dass eine Gattung von Riesen, den Zwergen gleich, das Tageslicht nicht ertrug, und zu Stein wurde, wenn der Gott oder der Heilige sie bis zum ersten Sonnenstrahl hinhielt. Es müssen das Erdriesen oder Riesen der dunklen Meerestiefe gewesen sein, da alle übrigen das helle Licht nicht zu scheuen hatten. In der deutschen Sage wird ein allgemein sittlicher Grund solcher Versteinerungen angegeben, nämlich großer Übermut oder gottlose Grausamkeit. Allbekannt im bairischen Hochlande ist der Watzmann. Er war ein Riesenkönig, der für seine blutige Wildheit mit Weib und Kind zu dem vielzackigen gewaltigen Bergstock verwünscht wurde. Auf gleiche Art ist die Riesenkönigin Frau Hütt bei Innsbruck verzaubert. Ebenso im Inntale in Tirol der Riese Serles, der wegen seines Wütens mit dem gleichgesinnten Weibe und dem getreuen Rate zu den drei Felszacken versteinert ist, die über der Brennerstrasse aufsteigen.

Diese lebendige Auffassung des Gebirges und seiner Bevölkerung mit Riesen kreuzt sich. Im Norden hießen die Jöten daher bergrisar, bergbuar, bergdanir, bergiarlar, bergmaerir, bergstiorar, bergyrar, hraunbuar, hraundrengir, hraunhvalir, hraunskiöldungar und noch in unserem Luarin finden wir die Schelte Bergrinder für sie. Wir müssen übrigens dabei jene Sturm- und Wetterriesen, die im Gebirge hausen, absondern, so leicht auch die Verwechselung ist. Hier haben wir es nur mit den lebendig gewordenen Bergen zu tun, über welchen Fiörgyn als Mutter und Gebieterin thront. Auffallender Weise erscheint auch eine männliche Gottheit dieses Namens, über die wir aber weiter nichts wissen, als dass dieser Fiörgyn der Vater Friggs an einer anderen Stelle heißt.

Ein Riese Bergfinn, des Jötun Thrym von Verma Sohn, Bruder der Bergdis, mit welcher sich König Raum vermählt, nach dem das Raumsdal benannt ist, spielt in die alten Sagen Norwegens hinein. Der Riese Biörgolf ist sonst unbekannt; um so größeren Namen hat Berggelmir, der Sohn Thrudgelmis, Enkel Örgelmis. Denn er war der Noah des Thursengeschlechts, da er bei der großen Flut, welche aus Ymis Leichnam über die Riesenschöpfung wogte und alle seine Gesellen ertränkte, mit seinem Weibe in einem Nachen sich rettete. Alle Jöten der zweiten Zeit stammen von ihm. Den Namen Bergriese (wörtlich Bergrauscher) empfing er vermutlich von seiner damaligen Landung auf einem Berggipfel, da in allen Sündflutsagen das Gebirge sehr begreiflich als der erste Ort erscheint, wo das neue Leben beginnt.

Ein schöner stattlicher Bergkönig Norwegens ist Dofri, der Gebieter des Dovregebirges (Dofrafiöll), der drinnen in prächtigen Räumen mit vielem Volke wohnt. Der Eingang lag unter einem Gipfel in einem Felsen. Er war nicht unfreundlich; noch weniger war dies seine schöne Tochter Frid, mit welcher Bui, der von König Harald Schönhaar zum Verderben zu Dofri gesandt worden war, sehr heitere Monate vom Julabende bis zum Sommeranfang verbrachte. Frids und Buis Sohn Jökul fand aber an der Bergriesin Gnipa (des Berggipfels Maid) keine gleichgesinnte seiner Mutter, sondern hatte mit ihr sehr gefährliche Abenteuer zu bestehen.

Riesen der schneebedeckten Hochgebirgsspitzen mögen ursprünglich Glamr und Skramr gewesen sein, denn beide Worte bedeuten das Weiße, Blinkende. Skramr, als König geschildert, erinnert an die süddeutschen Gebirgsfürsten Watzmann und Serles, und Glamr ist als Name von Bergen mit ewigem Schnee bekannt. Zu König Dofris Gefolge müssen wir sodann den Riesen Svadi in Dofr zählen, der mit Ashild, König Eysteins Tochter, den Rolf im Berge zeugt, König von Heidmörk, welcher an der Spitze zahlreicher Geschlechter steht. Er ist seinem Namen nach ein Wesen der wüsten Felswände, so wie Viddi ein Riese der öden Strecken des Hochgebirges ist.

Ihrem Namen nach ist auch Hyndla zu den Gebirgsriesen zu rechnen, die höhlenbewohnende Seherin riesischen Wesens, an welche sich ein genealogisches Gedicht im Dienste eines vornehmen nordischen Geschlechtes anlehnt, durch welches die besseren Erbansprüche Ottar Innsteins bewiesen werden sollen. Auch hier zeigt sich die alte tüchtige Anlage des Riesengeschlechtes ganz deutlich, die trotz aller Misshandlung und Entstellung selbst in den Ausgangszeiten des Heidentums nicht ganz vergessen war. Sie sind erfahren, viel wissend und deshalb voraussichtig, gutmütig zum Teil und voll fürsorglicher Teilnahme an den Tieren des Gebirges.

Die Seherin Hyndla mag zu Vidolf, dem Vater aller Walen, überleiten, wie er heißt. Die Edda weiß von ihm nur dies eine; Saxo aber erwähnt ihn bei der Geschichte Halfdans. Zwar ist er hier zum alten Krieger vermenschlicht, indessen durch den Namen Vitolfus, durch seine Fähigkeit vor den Verfolgern Halfdans dessen Aufenthalt zu verbergen, und durch seine Reitkunst ergibt sich sein eigentliches Wesen zu erkennen. Vidolf ist seinem Namen entsprechend ein Waldgeist, der wie alle Wesen des tiefen geheimnisvollen Haines die Gabe der Weissagung besitzt, und manche göttliche Kräfte übt. Er war auch den deutschen Stämmen bekannt; denn nicht bloß der Name Witolf lässt sich öfter nachweisen, sondern in dem Gedichte von König Rother tritt auch ein Riese Witolt auf, nach dem Namen Stange benannt, ein Genosse Asprians und Grimmes, der als treuer Geselle Rothers an jenen Vitolf Saxos erinnert, welcher dem Vater Halfdans lange diente.

Die deutschen Völker kannten noch andere sagenvolle Waldgeister. Ob wir den Amaler Vidicula oder Widigoia hierher ziehen dürfen, steht sehr in Frage, da wir keinen genügenden Anhalt dafür haben, außer dem Witigouwe, der in einigen deutschen Quellen (*Dietrichs Flucht und Anfang* oder Vorrede zum *Heldenbuche)* als Bruder Wittichs genannt ist. Witegouwe und Wittich, Söhne Wielands, verraten sich bereits durch die Namen als Männer des Waldes und gehören einem durchaus mythischen Geschlechte an. König Vilkinus zeugte mit Frau Wakhilt, einem Meerweibe, den Wate, den Vater Wielands; und aus Wielands Verbindung mit Baduhild entspross Wittich. Obschon diese Wesen in die Heldensage herabgezogen sind, so ist doch bei allen noch das Halbgöttliche, bei Wate entschieden der riesische Ursprung ersichtlich. Wate erkannten wir schon früher als einen Flutgeist; zwischen Wasser- und Waldgottheiten besteht aber in unseren Sagen eine feste Verbindung, denn das geheimnisvolle Dunkel und das Rauschen der Blätter lässt den Wald mit dem Meer vergleichen, und so wird das Bild, den Wald als Meer des Landes zu betrachten, von der Sprache selbst benutzt. Unserem Wittich, als er von Dietrich von Bern verfolgt wird, breitet am Meeresufer seine Ahnfrau Wakhild die Arme rettend entgegen und nimmt ihn auf.

So unstatthaft es wäre, alle Waldgeister zu den Riesen zu zählen, so muss das doch für Wittich in seiner älteren Gestalt geschehen. Seine Abkunft von Wate und seine stete Verbindung mit Heime, dem riesenhaft Gebildeten, sprechen dafür. Wieland, sein Vater, wird demnach auch zu Beginn als Riese erschienen sein. Aus diesen drei von der Sage näher geschilderten Gestalten lernen wir, trotz den erblassten Farben, die Eigenschaften der riesenhaft gedachten Geister der tagelangen tiefdunklen Wälder kennen. Sie waren tüchtig in aller Kunst der Hand und des Kopfes; sie hatten den Ruf als sehr geschickte Schmiede, als einsichtig in das Leben des Leibes und der Seele, und sind demnach heilkundig, klug und weißsagerisch. Gleich den Wassergeistern sind auch sie tapfere Helden und wurden damit von dem großen Mittelpunkt unserer Heldensage, Ermanrich und Dietrich, allmählich zu ihrem Kreise gezogen.

Durch deutsche und nordische Sagen können wir weitere Stämme aus dem Walde der Berg- und Waldriesen heranführen. Als Sohn der uns bekannten Runse wird in der Vorrede zum *Heldenbuch* Welderich genannt, und eine noch lebende Tiroler Sage erzählt von einem Riesen Walder, der im Gnadenwald in tiefer Höhle neben einer steilen Felswand hauste. Außerdem tritt die ganze Schar der wilden Männer, Waldleute und Holzleute heran, die entschieden ein riesisches Gepräge haben und nach ihrer ganz ungeheuren Art von der Volkssage geschildert werden. Freilich streifen diese Männer stark in die Schar der Sturmriesen hinüber, weshalb in den bayrischen Alpen auch der Name Wuten für sie benutzt wird; doch zeigt sich an vielen ihre Berg- und Waldnatur ebenso deutlich. Ihren Enneberger Namen Salwang vermag ich zur Stunde noch nicht zu deuten; im Vorarlberger (Österreich) Tale Montavon heißen Männer und Weiber solcher Art Fenggen (der Fang, die Fenggi), in Tirol nur die Weiber Fanggen, im Fassa- und Pustertale Gannes.

Diese wilden Weiber sind entschieden Wald- und Baumgeister. Sie lassen sich bereits in der nordischen Mythologie in den sonst dunklen Ividjur nachweisen, deren Name Baum- oder Waldweiber heißt. Die Ividia nährt (elr), wie das Lied Hrafnagaldur singt, ist also ein segnendes, mütterlich wirkendes Wesen, eitle echte Tochter der Erde und mit dieser riesischen Ursprungs, wie auch das Riesinnenverzeichnis der Skalda es festgehalten hat. Im Gegensatze zeigt sich die Jarnvidja, das Weib des Eisenwaldes (iarnvidr), mit welchem nach der Völuspa die wölfischen Verfolger von Sonne und Mond gefüttert werden. Wir kennen aus deutschen Sagen einen eisernen Mann als Nebenform des wilden Mannes, und ein Buschweib mit eisernem Kopfe. Es müssen Waldgeister sein, die zu den Erzschätzen in Beziehung stehen und den kunstreichen Wildschmieden verwandt sind; der eiserne Kopf des schlesischen Buschweibes findet nordische Bestätigung durch die Riesennamen Jarnhaus und Jarnnef. Bekanntlich werden Riesen und Riesinnen auch öfter mit großen Eisenstäben bewaffnet.

Lehrreich ist die Erzählung der Tiroler Sagen von den Fanggen oder Wildfanggen oder wilden Weibern. Es sind riesige, schauerliche Gestalten mit dunklem, rauem, langem Haare, grausam und menschenfresserisch, die in Gesellschaften leben und deren Dasein an die Bäume, die ihnen angehören, gebunden sind. Wird der Baum geschlagen, so stirbt die Fang; mit dem Kahlschlagen ihres Waldes ist die ganze Rotte vernichtet. Deutlicher kann eine Sage kaum sein: die Fang ist wie die nordische Ividja, die Belebung der mächtigen Waldblume, deren volles mit Baummoos gemischtes Laub als ihr Haar erscheint. Mit den Riesen des Waldes, welche den Wald in seiner Gesamtheit darstellen, stehen sie in geschlechtlicher Verbindung; den Menschen erscheinen sie durch ihre Ungeheuerlichkeit furchtbar und so kommt die Sage von ihrer Grausamkeit auf. In Tirol sind die Namen einzelner Fanggen überliefert: Stutzforch (Stutzföhre), Rohrinta (Raurinde), Hochrinta, Stutzemutze (Stutzkatze). Alles an ihnen ist echt riesenhaft und sie dürfen deshalb mit den griechischen Dryaden und Hamadryaden nicht verwechselt werden. Diese entsprechen elbischen Waldfrauen unserer Sagen, die von den Waldriesen verfolgt werden: den Wald-, Holz- oder Moosweibchen, Berg- und Waldfrauen, weißen oder seligen Fräulein, auch kurzweg in Tirol die Seligen (Salingen) genannt. Ihre Königin ist Hulda, wie übereinstimmend norwegische und Tiroler Sagen melden; es sind milde, schöne Geister des Waldes und Gebirges, die über und unter der Erde segnend wirken, hilfreich den Menschen, schützend die Tiere, die lieblichsten Schöpfungen unseres Heidentums.

Wie die nordischen Jöten mischen sich auch die Fanggen mit den Menschen; manche lassen ihre Töchter in Bauernhöfen Dienste nehmen. Andererseits trennt sie zuweilen die Sage nicht von elbischen Geistern, den Wichteln oder Nörggeln, und in Vorarlberg tragen die Fanggen riesische wie elbische Züge. Hier hatten wir es nur mit den riesischen Berg- und Waldgeistern zu tun,

*

Ich hoffe, dass aus der gegebenen Darstellung des Riesengeschlechtes die Wahrheit meiner Ansicht von seiner ursprünglichen Bedeutung erhellt wurde. Eine kurze Schilderung des Äußeren und Inneren dieser gewaltigen Wesen schließe sich an, wobei die Geschichte ihres Verfalles unwillkürlich heraustritt; denn mehr als im Vorangegangenen hat die jüngere Zeit hier die Übermacht sowohl in den Eigennamen als in den Schilderungen der erworbenen Denkmälern erhalten.

So gewaltige großartige Gottheiten wie die ältesten Riesen waren, tragen sie auch ein gewaltiges Äußere. Am frühesten bildete man die Götter als ungeheure Tiere bekannter Gattung oder wenigstens mit einzelnen tierischen Körperteilen. Wir gedachten schon der Weltschlange und der Sturmgottheiten in Adlergestalt; ebenso gehört die Urkuh Audhumla hierher. Weiteres deuten mehrere Thursennamen an. Der Wolf galt als das besonders riesische Tier, er war das Ross der Riesinnen auf ihren raschen Ritten; Fenrir mit den Söhnen Hati und Sköll hatten Wolfsgestalt und auch anderen Riesen und Unholden schrieb man noch in sehr junger Zeit die Fähigkeit zu, sich in Wölfe zu wandeln, woher die Namen Ulfham und Ulfhedin stammen. Unter den Riesennamen selbst finden sich zum Zeugnis für das Bemerkte Ulf, Ylfing und Sam.

Andere Blicke in diese Vorstellungen gewähren die Thursennamen Kött (Kater, Katze), Hyndla und Mella (Hündin) und das als Schelte für eine Riesin gebrauchte Simul, welches die Skalda gleich dem einfachen Simi unter den Benennungen des Rindes aufführt. Aus dem Vogelreiche finden wir Trana (Kranich), Kraka (Krähe) und Dufa (Taube).

Nachdem die menschliche Bildung in der Götterdarstellung zu ihrem Rechte gelangt war, blieb wenigstens die Vergrößerung und Verstärkung haften. In kindlich-sinnlicher Weise vermehrte man die Zahl der Glieder, wie man ihre Ausdehnung verstärkte. So werden in nordischen und deutschen Gedichten und Geschichten Riesen mit zwei, drei und sechs Köpfen erwähnt, ja Tys Großmutter soll nach Hymisquida sogar neunhundert Häupter gehabt haben. Ebenso verdoppelt und verdreifacht die Mythe die Zahl der Arme, um die überwiegende Kraft anschaulich zu machen.

Solches Verfahren findet sich in allen alten Naturreligionen; Vergleiche mit indischen und slavischen Vorstellungen sind bekannt.

An einzelnen Riesen blieb diese überreiche leibliche Ausstattung zwar sehr lange, denn in unseren Gedichten des 13. und 14. Jahrhunderts erscheinen sie an manchen riesenhaften Helden; im Ganzen aber erlosch sie früh und wurde in dieser Zeit nur ausnahmsweise verwendet, welche ich die Blütezeit der Riesen nenne, damals als Ymis Söhne die Dreiherrschaft führten. Damals erschienen auch alle Riesen leiblich schön; denn die Germanen hegten von Anfang das Gefühl für das Wohlgebildete und dachten sich nicht wie hinterasiatische Barbaren oder wilde Insulaner ihre Gottheiten als Scheusale. Thrym, den Thursenfürsten, schildert das alte Lied als behaglichen stattlichen Mann; bei Thiassi, Suttung, Oegir, Mimir verrät sich nirgends ein abstoßender Zug; und die Riesinnen waren sämtlich von großer Schönheit. Gerd erfüllte Himmel und Meer mit ihrer glänzenden Erscheinung. Gefion war als jungfräuliches Bild bei den Ansinnen eingereiht. Skadi kann sich den schönsten Gott zum Gemahl wählen. Jarnsaxa ist des Donneres Weib und Jörd Odins Gattin. Selbst mit der hochriesischen Grid verbindet sich Odin; der vielen Riesenmädchen nicht zu gedenken, welche nach nordischen Geschichten und deutschen Volkssagen Liebesverlangen in Jünglingsherzen entzünden. Auch hier mögen Eigennamen sprechen: Frid, des Dofrakönigs Tochter, und Frid, des Jöten Thiassis Tochter, sind nach ihren Namen schon lieblich und schön. Menja, welche mit Fenja die Goldmühle drehte, heißt die Schmuckträgerin, und ähnlich werden wir die Thursennamen Gyllir und Gullnir nach den goldenen Zierraten zu deuten haben. Denn die Riesen liebten Schmuck und zierten selbst ihre Hunde mit goldenen Halsbändern und die Kühe mit Vergoldung der Hörner. Ist die ursprünglich hohe und bedeutende Stellung des Riesengeschlechtes dargetan, so bedarf es auch für das edle Äußere keines weiteren Beweises. Ebenso natürlich ergab sich aber aus ihrer Zurückdrängung und Feindschaft mit Göttern und Menschen die Entstellung der alten Züge. Die Eigennamen mögen uns dabei leiten.

Bryja (Klotz, Block) deutet die plumpe ungeschickte Gestalt an, welche den Riesinnen in den jüngeren Zeiten zuweilen angedichtet wurde. Ich erinnere dabei an die Schilderung von Geirrid Gandvikreckja, die nicht höher als ein siebenjähriges Mädchen, aber so dick war, dass Grim sie nicht umarmen konnte. Im Gegensatze zu dem Ganze der alten mussten diese jungen Geschlechter schwarz werden; daher die Namen Svart, Alsvart, Svarthöfdi, Blain. Von der Schmutzfarbe mag sich auch Syrpa erklären lassen, wenigstens bestärkt ihr Mann Surt diese Auslegung. Schwarz wie Pech strichen die späteren Sagas gern die Riesinnen an. Manche Thursen erschienen fahl, was wie früher erwähnt, ihre unterweltliche Gattung bekundet.

Behaart und zottig mag man namentlich die Waldthursen gedacht haben, das deuten die Namen Haera, Lodin und Lodinfingra an. Ganz ebenso bildet die Tiroler Sage ihre wilden Männer voll graugrünem Baummoos gleich den Haaren. Aus solchen Schönheiten springt dann von selbst der Name Liota heraus. Haela, die Glatte, Schlüpfrige, mag nach der glatt anliegenden, kurzen Behaarung benannt sein.

Der Kopf hat seine eigene Deutung: Auf älteren Ursprung weisen Jarnhaus und Hardhaus, Eisenschädel und Hartschädel. Aus dem Liede von Hymir erinnere man sich, wie Thor den Becher, den er an einem Felsen vergeblich zerschmettern wollte, erst an Hymis Kopf zerbricht, ohne jedoch dem Riesen zu schaden; man denke ferner an das steinerne Haupt Hrungnis: die Häupter des Gebirges, die Spitzen mächtiger Felsen, blicken aus der bildlichen Kleidung hervor. Vagnhöfdi muss einen Kopf wie einen Wagen groß gehabt haben, und Skalli, der Glatzkopf, trägt den Hohn seiner Kahlheit gewiss mit kolossaler Größe. Ein weibliches Riesenscheusal schildert eine Geschichte glatzhäuptig und mit grünen Augen. Blinzelnden Blick der Meerriesinnen lässt der Name Glyrna vermuten. Ganz besonders ergriff die Entstellung die Nase, weil dies edle Glied in seiner Wohlbildung der Adelsbrief des Gesichtes war. Das mindeste war außergewöhnliche Große und Dicke, wovon Nefja den Namen trug; Arinnefja, Adlernase, Hornnefja, Hornnase, Skinnefja, Fell- oder Pelznase, stellen sich grausiger dar; ein Riese heißt Jarnnef, Eisennase. Die Backen hingen dick und taschenartig herunter, woher die Namen Henginkiapt und Henginkepta stammen. Über das Kinn hing eine dicke fleischige Lippe herab; darunter klaffte ein weites Maul, woher der Name Muli, und tüchtige Mahlzähne kamen, der Fresslust des Jöten zu helfen, wie Grottintanna ihn zeigen mag. Ungeheure Ohren standen vom Kopfe ab, oder sie waren dicke

Fleischklumpen, wie sie Busseyra hatte. Um Wange und Kinn zog sich ein mächtiger Bart, selbst bei den Weibern; im Allgemeinen wehte ein kalter Hauch daraus, wie Kallgrani (für Kaldgrani) und Kaldrani aussagen.

Der übrige Leib entspricht dem Kopfe; indessen finden sich dafür weniger Eigennamen. Der knochige Bau verrät sich in Beinvid, die harten Knochen in Harbein (bei Saxo Harthben). Ein langes Bein zeigt der dänische Riese Langbein, und schiefes Gestell der nordische Rangbein. Ob Ofoti eine Verkrüppelung andeutet, weiß ich nicht. Im Allgemeinen galten die Riesen schon wegen ihrer langen Beine für gut zu Fuß; daher die Namen Alsvid, Hrödung. Stigandi, Hastigi; Ganglati (Ganglass) macht eine Ausnahme. Den zermalmenden Griff der breiten Hände fühlt man in Greip, Hardgreip (Mask. und Fem.) und Vidgrip. Wo ihre Faust auffällt, scheint ein Hammer getroffen zu haben, wie der Name Sleggja anzeigt. Die sprichwörtliche Riesenstärke verbürgen Grid, Herkja, Sterkir, Starkad und Störkvid, Fiölverk, Hardverk, Storverk und Öflugbarda, aus denen auch ihre gewaltigen Unternehmungen sprechen, von denen das Auge des Volkes in den seltsamen Felsbildungen mancher Gegenden und in uralten Steinstraßen und Befestigungen in allen germanischen Landen noch die Reste sieht. Der Baumeister (smidr), welcher nur von seinem Hengste Svadilfari unterstützt, in einem Winter den Ansensitz umbaute, gibt dafür ein berühmtes Beispiel, dem Hunderte folgen, welche an Riesen und Teufel geknüpft sind.

Wer so groß ist und so viel Kraft verbraucht, hat einen hungrigen Magen und eine durstige Kehle. Von der Gefräßigkeit ist der besondere Eigenname Wolfesmage und die Gattungsbenennung altsächs. etan, angels. eoton, altnord. iötun, wie das einfache angels. eot, altn. iotr entlehnt. Die Durstigkeit des Geschlechts scheint in dem altnord. purs und puss, angels. pyrs (engl. thurst). althochd. durs, mittelhochd. türse ausgedrückt, das auch noch in deutschen und nordischen Mundarten lebt. Übrigens tritt dieser grobsinnliche Zug an den Hauptgestalten der alten Zeit meines Wissens nicht hervor, man müsste denn Thors gewaltiges Essen und Trinken bei Thrym und Hymir, was die Riesen selbst in Erstaunen setzt, auf Rechnung seiner jötunschen Abkunft schreiben. In den jüngeren Denkmälern freilich erscheinen die Riesen als rohe und unbändige Fresser, und müssen sich zur Steigerung von rohem Fleisch oder gar vom Menschenfleisch nähren. So entstand der Menschenfresser unserer Märchen.

Mit dem edlen Äußern der älteren Riesen hing ihr wohlbestelltes Innere zusammen. Bei den Schilderungen aus gut mythischer Zeit enthüllt sich das

Bild eines gutgeordneten urväterlich ausgestatteten Hauses. Die Männer sind tüchtig und tapfer, die Frauen wirtlich und züchtig; Erfahrung, Vielwissenheit, Gutmütigkeit und Gastfreiheit schmücken das Geschlecht. Der kindliche Frohsinn friedlicher einfacher Verhältnisse lagert über ihnen, und daraus entspringt ihre Treue: treu wie Riesen war noch spät sprichwörtliche die Rede im Norden.

Reich waren namentlich alle Wasserriesen, deren Hallen von Gold gleißen. Noch in den Märchen sind die Riesen Schatzhüter. So geizig besonders die drachengestaltigen erscheinen, waren übrigens unter den älteren nur wenige; der Name Hringvölnir beweist, dass die edle Tugend der Freigebigkeit auch von den Königen der Thursenreiche geübt ward. Sie hegten überhaupt hohen strebenden Sinn, was ihr nordisches Beiwort storudgar und der deutsche Riese Hohermuot belegen. Die Tapferkeit spricht sich in den Namen Vörnir und Snidil aus, denen die Riesinnen Vigglöd und Brana sich gesellen. Hlifpursa, die Schützende, und Feima, die schämige Jungfrau, geben ein anmutiges Gegenbild.

Die Geister der Luft und des Wassers sind beweglich und sehen viel. Ein solcher vielgewanderter Thurse ist Alfarin. In Folge dessen sind sie vielkundig und klug (alsvinnir, frodir, fornfrodir, hundvisir, fiölkunnigir). Seit Anfang der Zeit kennen sie alle Geschichten und sehen deshalb auch in die Zukunft (sie sind framvisir). Mimir und die Nornen bezeugen solches am gewichtigsten, wohingegen Vafthrudnir, der Listige, wie ich seinen Namen deute, unbedeutend erscheint, obschon ihn Odin in dem Wettfragen nur unredlich überwindet, da seine letzte Frage nur er selbst beantworten kann.

Unser Altertum sah die Weisheit und die Macht über die sinnlichen Dinge für vereint an und mit Recht erscheinen daher Runa, Ulfrun, Fyrnir und Galar unter den Riesennamen. Später vermischten sich die Begriffe Jöte. Unhold und Teufel, Riesin und Hexe. Die Unholdinnen der Skalda habe ich ohne Weiteres für *gyjar* nehmen dürfen.

Damit haben wir den Wendepunkt von dem Guten zum Schlechten erreicht; jener leiblichen Entstellung entspricht die geistige und sittliche. Statt des Gutmütigen und Heiteren treffen wir auf Bitterkeit und finstern Sinn, wie es sich bei Vertriebenen und Verdrängten leicht erkennen lässt. Die deutschen Namen Bitterbuch, Bitterkrut und Surbolt und den nordischen Dagstygg lege ich in solchem Sinn aus. In den Riesinnen Munnharpa. Mundklemme, und Munnrida, Mundklapper, verstecken sich in Furcht gesetzte Weiber.

Gewöhnlich sind es jedoch die Riesen, die Furcht und Entsetzen verbreiten: Ogladnir heißt der Nichterfreuer, halb spöttisch, Kiallandi, der Beben macht, Hrygda die Ängstigende, Ögn Entsetzen, Skelking der Schreckensmann, Skrymir das Angstgespenst. In Asgrui, dem wir Gryla beigesellen, treten uns jene Nöte vor die Seele, welche bei Abwesenheit des schützenden Thor über die Ansen beim Erscheinen eines Thursen kamen. Aus diesem Entsetzen vor den Riesen erklären sich auch zwei Benennungen des ganzen Geschlechtes. Zuerst fala, das im Nordischen für Riesin gebraucht wird, und sodann das hochdeutsche und sächsische Riese (alts. wriso, ahd. rieo, risi, mnd. rese), das in das Nordische erst verpflanzt wurde. Das Wort ist aus dem Zeitwort wridan (ahd. ridan, angs. Vridan), drehen, mit dem Ablaute des Plurals der Vergangenheit gebildet; die Entwickelung des „s" aus „d" ist nicht bloß allgemein nachweislich, sondern in diesem Wortgeschlechte besonders zu belegen, wie ahd. risila neben ridila und ags. vrasen Band, vraesnan drehen, zeigen. Aus dem sinnlichen Begriffe drehen hat sich der bildliche des Umdrehens des Innern, der seelischen Aufregung sehr einfach entfaltet: ags. vrad heißt gedreht, kraus und zornig, vraed das gedrehte Band und der Zorn, vraesnan drehen und drohen. So können wir denn auch das bisher vereinsamte ahd, rison, drohen, in seine alte Sippe zurückführen und das ungenügend erklärte, täglich gebrauchte Riese befriedigend deuten: es ist das zornige, drohende Wesen. Von schwellender Seele (prungmodr) war ein Beiwort der Thursen, und der Jötenzorn (iötunmodr) war sprichwörtlich im Norden.

Solche schreckenbringende Wesen hatten begreiflich jene alte Gutmütigkeit abgelegt; sie waren wild, grimmig und boshaft, daher die Eigennamen Atla, Gneip, Gnepja. Hati, und die Geschlechtsbezeichnung gifur für Riesin. Die Benennung flagd für Riesenweib und der Eigenname Fleggr (Nebenform Flegr) scheinen eben solchen Sinn zu haben. Bölporn, der Böse, ist sehr bedeutsam und der mütterliche Großvater Odins, des Totschlägers Ymis. Von Ymir sagt Gylfaginning, ihrer Zeit entsprechend, aber keineswegs für die ältere wahr, er wäre übel (illr) wie alle seine Geschlechtsgenossen.

Zu dieser Bosheit gehört List und Verschlagenheit, wenn sie furchtbar sein sein soll, was die riesische im vollsten Maße war. Eine Riesin, die Thor zermalmte, war Leikn (Spiel, Betrug), deren Name dann allgemein für Riesin gebraucht wird, zum Zeichen ihres täuschenden verlockenden Treibens. Baugi, Suttungs Bruder, war krumm und hinterlistig, und Durnir ist der Quere, Verirrende, Boshafte.

Noch auf anderem Wege geschah die Umkehr des alten Guten. Statt behaglicher Wohlhäbigkeit treffen wir bei ihnen Armut und Elend: arma und auma heißt gar manche Riesin, und Rifingafla wohnt ihrem Namen nach in einer Hütte mit zerbrochenem Giebel.

Der klare, vielerfahrene Sinn des Geschlechts, den wir nicht, wie beliebt war, mit der geistigen Art beschränkter Vielwisser vergleichen dürfen, war nun dumpf und stumpf gemacht: dumbr wird thursisches Eigenschaftswort, Dumb finden wir als Eigennamen bei ihnen. Das im Altnordischen häufige Wort gygr für Riesin, scheint gleich gala die Bedeutung Närrin zu haben. Ungeschick und Faulheit drückt der niedersächsische Gattungsname Lubbe oder Lübbe aus. Eitle Großsprecherei verrät Skrögg, während bei den alten Riesen das wohlerwogene Wort von tüchtiger Tat begleitet ist. So stoßen wir überall auf Schlechtes oder Schwaches und sind dann um so mehr erfreut, in dieser absichtlichen Zerstörung noch gediegene Trümmer der alten Schönheit und Größe zu entdecken.

Mehrere der aufgeführten Eigenschaftsworte erwuchsen, wie gesagt, zu Gattungsnamen: Riese, Jötun, Thurse ragen unter ihnen hervor. Daneben finden wir die besonderen Namen einzelner Riesinnen zur Geschlechtsbenennung erweitert, wie Grid, Hala. Leikn, Mella.

Dunkel blieb mir das angelsächsische *ent* für Gigant; ich mag es am wenigsten aus irgendeinem alten Volksnamen deuten, während bei dem seit Ende des 12. Jahrhunderts die Riesen bezeichnenden Namen Hiune, der in Norddeutschland geläufig blieb, die Erinnerung an die wilden zerstörenden Hunnen und Ungern mit der an die Riesen sich vermengt haben mag.

*

Zahlreich und mächtig hat sich uns das Geschlecht der Riesen dargestellt. Wasser, Luft, Feuer und Erde sind von ihm beherrscht und bewohnt; es ist eine selbstständige Ordnung, die auf sich gestützt, eine bestimmt bezeichnete Stellung in der Götterwelt einnimmt. Allumfassende weitgebietende Wesen sind von kleineren und schwächeren Gestalten umringt. Darum kam früh die Vorstellung von Königtümern und gesonderten Ländern der Jöten auf, die man sich im Osten oder Nordosten dachte. Der allgemeine Name war Jötenheim; darin stiftete aber die jüngere Zeit, an einzelne Riesennamen anknüpfend, eine Menge Unterkönigtümer, und als das Wort Riese nach dem Norden gekommen war, trennte man Risaland von Jötunheim.

Nachdem Finnland und Quenland (d. h. Lappland und Finnland) zu bekannt geworden waren, als dass die fabelhaften Thursenstaaten in ihren Marken noch geduldet werden konnten, versetzte man sie in den märchenhaften

Südosten. Und endlich nahm sie die Einbildung und der dichterischer Glaube auf, während die einzelnen Riesen in der unmittelbaren Nähe auf weit sichtbaren Höhen der Ebene oder in den wilden Gebirgen wohl oder übel geduldet wurden.

Solche staatlichen Festsetzungen entspricht, dass den Riesen besondere Ausdrücke gegeben wurden, obschon keine selbstständige Sprache ihnen zuerkannt wurde. Die Beispiele im Alvismal, welches bekanntlich die Benennungen verschiedener Gegenstände nach der Weise der Ansen, Wanen, Elben, Jöten, Zwerge, der Unterwelt und der Menschen zusammenstellt, geben keine besondere Auskunft, denn es sind keine urwüchsigen alten Worte, sondern junge skaldische Umschreibungen. Besser kamen die Zillertaler in Tirol auf den Punkt, welche berichten, die Riesen hießen die Butter Kuhpech und die Gemsen Heuschrecken. Auch die allgemeine deutsche Sage, worin das Riesenmädchen dem Vater in der Schürze Erdwürmer bringt, hat den Geist solcher Riesensprache geahnt.

Über das Verhältnis der Riesen zu den Göttern im engeren Sinne habe ich eigentlich nichts mehr zu sagen, denn dasselbe erhellt aus der ganzen Abhandlung. Nachdem Odin und seine Brüder den Todeskampf wider sie begannen, brach das eiserne Zeitalter über sie herein. Ihre Herrschaft war vernichtet, ihre Gläubigen wurden untreu, nur wenigen Thursen blieb zum Teil durch einen Vertrag mit den Siegern ihr Ansehen. Die Menge flüchtete in die Wildnis und war in steter Gefahr vor Thor, dem einzigen übrigens der Ansen, der mit ihnen den Kampf wagte. Über die Entstellung, welche dann weiter an ihnen geschah, habe ich geschrieben. Hier bleibt nur noch besonders herauszuheben, dass in dieser Zeit auch sittliche Begriffe zu Riesinnen gestaltet sind, wie Forat, Leikn, Thöck und Beidsla. Thöck stellt die Vergeltung, die Rache an der Sippe Odins vor, und Beidsla das Verlangen, Bölthorns Tochter, ist zur Mutter Odins gemacht worden, was bei der grundsätzlichen Gegenüberstellung von Riesen und Ansen nicht erwogen wurde.

Nach Einführung des Christentums wurde mit den Riesen nur eine geringere Veränderung vorgenommen als mit den Ansen, denn ihre Altäre waren längst umgeworfen. Im Gegensatz zu dem neuen Glauben scheint er nicht so schroff wie die der Götter; denn, obschon ihre geistige Aufnahme durch die Taufe unmöglich war, und obschon sie wie alle heidnischen Wesen die Zeichen der Kirche, besonders die Glocken, scheuten und hassten, so scheint doch die Volksmeinung in sie die Sehnsucht nach Frieden mit dem Christentum zu versetzen, wie das bei den Elben bekannt genug ist. Freilich war ihre Art jetzt noch weniger rein als früher gehalten. Sie vermengten sich immer mehr mit den Trollen, jenen gespenstischen Wesen und übermenschlichen Unholden, die schon im Heidentum als unregelmäßige Bande neben dem Götterheere umherschweiften, und nun alle Versprengten an sich ziehen. In den Sagen tritt sehr häufig der Teufel dem Namen nach an die Stelle des Riesen, ohne dass sein teuflisches Wesen mit ihm eindringt. Mit dem Einzuge des Christentums war ihre alte kirchliche Kampfbereitschaft nur um so nötiger geworden. Hatte auch Thor seine Macht eingebüßt, so war doch sein Hammer (T) von dem heiligen Kreuz (+) ersetzt worden, das gegen die Riesen eine gleich vernichtende Kraft ausstrahlte. In Norwegen hatte der Donnerer überdies am heiligen Olaf einen sehr eifrigen Nachfolger erhalten, der wetternd unter Jöten und Trölle fuhr. Daneben besaßen aber auch die gewöhnlichen Menschen nunmehr Macht genug, den alten Riesen im ganzen germanischen Lande den Krieg der Vernichtung anzukündigen.

Das Verhältnis der Riesen zu den Menschen in älterer Zeit ist leicht zu bestimmen. Es war das von göttlichen Wesen zu denen, die sie fürchten und verehren. Ein ausgebildeter Riesenkultus hat sicher bestanden; es ist jedoch der Fall, dass wir von ihm so gut wie keine Reste haben. Mit Thors und Odins Sieg änderte sich jenes Verhältnis; Hass und Furcht überwog die Verehrung; die Jöten erscheinen feindlicher und zugleich weniger mächtig. Der Mensch trat ihnen näher und sah sie mehr als seines Gleichen an, mit denen er bei großer Leibeskraft allenfalls einen Kontakt wagen könnte. Kämpfe und andererseits geschlechtliche Vermischungen folgten. Riesen warben oder raubten schöne Mädchen und setzten durch sie ihr Geschlecht fort, welches damit allmählich in menschliche Art überging; kühne Jünglinge fanden Gnade vor milden Riesentöchter und zeugten mit ihnen Kinder. Die Sage Hervörs und Heidreks drückt in ihrer Art dies so aus: „Ehe die Türken und Asiaten in die Nordlande kamen, wohnten in Europa Riesen und Halbriesen. Es entstand da ein großes Völkergemisch: Die Riesen nahmen sich Weiber aus Mannheim, und manche verheirateten auch ihre Töchter dahin." An Forniot und seine Söhne knüpfen sich ganze norwegische Geschlechter, und in den meisten jüngeren Sagas begegnen wir Ehen und Liebschaften solcher Art, und deshalb treten viel Halbriesen auf. Dabei finden wir sogar Riesen, welche in menschliche Verhältnisse hinübertraten, z. B. Knechte, wie in der Tiroler Sage der Fanggen als Mägde in Bauernhöfen auftraten. Freundliche, gegenseitig helfende Beziehungen entstanden unter solchen Ansichten von selbst.

133

Damit erklärt sich der Namenstausch. Seltener kamen entschieden riesische Namen bei Menschen vor: Surt, Ulfham, Ulfhedin, Jötunbiörn, Geitir und Queldulf, bei Frauen Aegileif, Bergdis, Bergliot, Ulfrun wären die einzigen, die ich hier aufzuführen wüsste. Dagegen tragen Riesen häufig menschliche Namen. Aus nordischen Quellen führe ich auf: Gaut, Godmund, Hildir, Höfund, Hroar, Ulf und Ulfing, so wie auch die in Bödi und Bölvi herzustellenden Badi und Biolvi; ferner die Riesinnen Brana, Fridm Gerd, Gunnlöd, Grimhild, Hergunn, Hildigunn, Hildirid, Ingigerd und Liod. Aus deutschen Quellen sind mir zur Hand Adelraut, Ecke, dessen Verwandtschaft mit Oegir oder Agi ich bezweifele, Eckenot, Eckenwit, Erkinger, Gisebrant, Grime, Ilsenbrant, Nantger, Orte, Ortwin, Puselt, Sigenot, Wickram, Wolfrat. Unter den dazugehörigen Frauen kenne ich nur Frau Birkhilt und Frau Hilde. Birkhild heißt nach Ecke (228) Fasolts Mutter, die in der Vorrede zum Heldenbuche Gudengart genannt wird, was auf Einfluss des Namens der Schwester Uodelgart (Ecke 239) zu setzen ist. Frau Hilde, Grimes Weib, war von Dietrich von Bern erst nach hartem Kampfe besiegt. Die Riesen Asprian, Bömrian und Kuprian können wir ebenfalls hierher bringen, da sie Nachbildungen solcher Namen wie Belian, Drusian, Godian, Librian, Merzian tragen.

Diese freundlichen Beziehungen zwischen Riesen und Menschen stehen stark bezeugt da, haben jedoch gegenüber eine größere und tiefer begründete Reihe feindlicher Gegensätze. Je stärker der Feind, um so ruhmreicher der Sieg. Für die abenteuerlustigen Männer gab es keine schönere Gelegenheit, gefürchtete Ehre zu erringen, als wenn sie gleich Thor den Kampf mit Riesen wagten. So scheint in dem germanischen Volke die Sage vom Streite berühmter Helden gegen widerliches Gezücht früh aufgekommen zu sein: Beowulfs herrlicher Sieg gegen Grendel und seine Mutter, Helgis und der seiner Männer Kämpfe gegen Meerweiber und Bergriesen preisen alte Gesänge. Unter den jüngeren nordischen Sagas bewegen sich viele um solche Thursensprenger und Riesentöter, oder sie gedenken derselben vereinzelt. Ketil Haeng, dessen Sohn Grim Lodinkinni, Grettir der Starke, Örvarodd, Thorir Thursasprengir samt seinem Sohne Steinraud, und viele andere, haben damit die Geschichtserzähler beglückt. Wie in Deutschland die Aufgabe der Helden aufgefasst wurde, mag die Vorrede vom *Heldenbuche* sagen. „Gott habe, heißt es darin, zuerst die kleinen Zwerge werden lassen, damit sie das wüste Land bauten und das Gebirge mit seinen Schlitzen ergründeten. Darauf ließ Gott die Riesen werden, damit sie die wilden Tiere und die großen Würmer erschlügen, auf dass die Zwerge sicherer wären und das Land besser bebaut werden könnte. Die Riesen wurden jedoch böse und untreu und taten den Zwergen Leid an. Da schuf Gott die starken Helden, zwischen Zwergen und Riesen in der Mitte, welche die Zwerge vor den Riesen schützten und die wilden Tiere und Würmer bekämpften. Er gab deshalb den Helden die Natur, auf Mannheit und auf Ehre, aufs Streiten und aufs Jagen ihren Mut und Sinn zu stellen."

Schon aus diesen Worten erhellt, dass in den deutschen Gedichten der mythische Boden für die Riesen wie für die Zwerge verloren ist. Die Riesen erscheinen darin nur als besonders starke Männer, wild zwar und gefährlich, aber ohne ihre eigentliche alte Ausstattung. In den kunstmäßig behandelten Dichtungen treten sie fast gar nicht hervor; dagegen brechen sie in den volksmäßigen und verwilderten Erzählungen zum Teil in Haufen heraus. Die Nibelungen erwähnen ihrer nur von fern: Dietrich von Bern hat alle um sich gesammelt, denn er ist selbst ein halber riesenhafter Recke. Er hat in seiner Leibschar Gestalten von echtem Thursengeschlecht. Erheblichen Gewinn mythologischer Prägung geben diese Quellen nicht, ebenso wenig die höfischen Gedichte.

Desto ergiebiger beweist sich die noch lebende Volkssage, worin die Riesen in mythischer Art fortleben. Von Norwegen bis Tirol begegnen wir unsern alten Bekannten überall mit denselben Gesichtszügen, mit derselben Wildheit und plumpen Gutmütigkeit. Der Norden und Süden sind reicher an ihnen als das mittlere Deutschland, in welchem sie so gut wie verschollen sind; die Hochgebirge und die großen Ebenen reden vorzugsweise von ihnen. Die kleinen Sandhügel und jene erratischen Granitblöcke schreibt norddeutsche Sage den Hünen, übermenschlich große Wesen zu, die erst vor hundert Jahren ausgestorben wären; da seien die letzten während des siebenjährigen Krieges unter die Soldaten gesteckt worden. In den norwegischen Gebirgen und den süddeutschen Alpen ragen die versteinerten Leiber der Riesen empor, und gewaltige Naturereignisse bezeugen ihr fortdauerndes Leben. Die Geschichten von Riesen, den Lemuranern, die sich mit Felsen und Bäumen bekämpfen und ungeheure Blöcke wider die verhassten Kirchen schleuderten, die ihr Vieh mit Bäumen als Gerten zusammentrieben, mit ungeheuren Steinen kegelten, ganze Hügel von ihren Schuhen abstrichen oder daraus schütteten, als wären es Sandkörner, oder die Reihen kleiner Berge aus der löcherigen Schürze verloren, begegnen in fast ermüdender Einförmigkeit, so wie noch an vielen Orten die Spuren ihrer Füße, Finger oder Sitzteile in Steinen gezeigt werden. Häufig ist der Riese in den Teufel dem Namen nach übergegangen. Allgemein germanisch hat sich die schöne Sage von dem Riesenmädchen erwiesen, welches den pflügenden Bauer zu ihrem Vater trägt, aber die Weisung bekommt, die Erdwürmer rasch zurück zu tragen, denn das seien die Vertreiber der Riesen.

Ganz besonders reich an Riesensagen zeigt sich Tirol, wo auch im Mittelalter die Riesenkämpfe gegen Dietrich und seine Gefährten ihre entschiedene Heimat haben. Da fährt der Bauer mit allem Zeug in einen gestrüppvollem Hohlweg, und das ist zum Unglück das Nasenloch des Walderriesen, der ihn samt Ochsen und Wagen in die weite Welt hinausniest; da wird von dem Brüllen eines Riesen in seiner Höhle der ganze Glunkezer Berg morsch und stürzt jetzt ein, weshalb die andern wilden Männer sich lieber ruhig verhalten; da ist der Riese so hoch, dass der Bauer, der ihm dient, auf eine Tanne steigen muss, wenn er ihm was zurufen will; da treffen wir auch noch alte gute Eigenschaften der ungeheuren Gesellen. Weichherzig weinen sie über verunglückte Tiere, schützen die Waldvögel und das Alpenvieh, sagen das Wetter voraus und lehren die Bauern manches Nützliche, denn sie sahen den Urwald schon neunmal fällen und wachsen und erfuhren deshalb so mancherlei. Der und jener Wilde sperrt sich auch ein seliges Fräulein in den Singkäfig, statt es zu zerreißen, wie ihre Sitte sonst ist. Auch suchen sich einige den Menschen zu nähern. Mancher Riese kehrte über den Winter in Bauernhöfen ein und erwies sich im Sommer darauf für die Herberge dankbar, indem er den Hof vor wilden Wassern und Bergfällen abschirmte. Riesentöchter spannen Liebschaften mit starken Bauern an und wenn diese nicht beim ersten Kuss an gebrochenen Rippen verschieden sind, heirateten sie sich und wurden zu den Stammeltern der Unholde und der „Starken", welche an vielen Orten bis in die jüngste Zeit fortlebten. So bewegt sich die Vorstellung von den Riesen im Volke noch heute auf denselben Wegen, die ihr im ältesten Heidentume gebaut wurden. – Ich glaube nun, sie richtig gewiesen zu haben und lege meinen Stab hier nieder.

Weitere Bücher aus dem Christof Uiberreiter Verlag:

Das goldene Blatt der Weisheit
Seila Orienta/Franz Bardon

Zum ersten Mal in der okkulten Literatur wird die 4. Tarotkarte des Hermes Trismegistos verständlich beschrieben und offengelegt. Sie beinhaltet unbekannte Konzentrations- und Meditationsübungen. Des Weiteren gibt sie Hinweise und erklärt die Unterschiede zwischen Magie und Mystik und Gefahren des einseitigen Weges. Am Ende steht die Verbindung mit der universellen Gottheit, dem Herrn der Sonnensphäre, welcher quabbalistisch „Metatron" genannt wird.

*

5. Tarotkarte – Mysterien des Steins der Weisen
Seila Orienta/Franz Bardon

Dieses Buch stellt die Vorderseite der Alchemie dar, die die einzelnen praktischen Übungsschritte erklärt, ohne die verschlüsselten Mystifikationen der alten Alchemisten auch nur annähernd zu erwähnen, wie man es aus den anderen Büchern des Franz Bardon kennt. Es wird erklärt, dass ohne vollkommene Beherrschung der 4 Elemente keine Alchemie möglich ist. Des Weiteren wird mit den einzelnen Ebenen, mit den Matrizen, dem elektromagnetischen Fluid usw. gearbeitet. Doch den Hauptpunkt stellen die göttlichen Eigenschaften wie z. B. die Allmacht dar, mit denen der Göttliche Stein der Weisen durch gewisse Übungen geladen wird.

*

Talismanologie und Mantramkunde
Seila Orienta/Franz Bardon

Zum ersten Mal werden hier (magisch) geladene Mantrams – Gebetssätze – preisgegeben, welche bei nötiger Reife, Ausgeglichenheit und Reinheit durchdringende Erfolge versprechen. Mantrams sind ja nach Bardon nicht irgendwelche „Suggestionssätze", sondern sie sind Ideenausdrücke, mit denen man mit Mächten, Kräften, Eigenschaften, also Gottheiten, in Verbindung kommen kann. Gleichzeitig werden die dazugehörigen Siegelzeichen der göttlichen Ideen preisgegeben, welche im rituellen

Zusammenhang mit den Mantrams stehen. Ein Buch, das nicht nur die Hermetiker, sondern auch die Anhänger der Yogawissenschaften inspirieren wird!

*

Eine Sammlung der schönsten und lehrreichsten Beschwörungsgeschichten
Hohenstätten

Dieses Buch ist einzigartig, denn es zeigt den zweiten Band von Franz Bardon an Hand von interessanten Evokationsberichten, die genau das bestätigen, was Bardon in seinem Buch geschrieben hat, und noch darüber hinaus. Es werden sensationelle Erlebnisse geschildert, die man sonst niemals findet. Auch aus unveröffentlichten Schriften wird zitiert.

*

Verkörperungen des Meister Arion
Hohenstätten

Man wird beim Lesen dieses Buches nicht glauben, wie viele bekannte und unbekannte Inkarnationen Franz Bardon hatte. Die paar, die im „Frabato" bekannt gegeben wurden, stellen nur einen geringen Teil seiner Verkörperungen dar. Wir mussten, da es dermaßen wenig Literatur über die Verkörperungen gab, wieder Hunderte und Aberhunderte von Büchern, Aufsätzen, Zeitschriften und Artikeln durcharbeiten, bis wir genügend Material für dieses Buch hatten. Aber der Leser wird sich beim Lesen sicherlich über unsere Arbeit freuen, denn sie wird ihn in Erstaunen versetzen!

*

Shamballa, der goldene Tempel des Lichts
Hohenstätten

Dieser Tempel dürfte jeden Leser von Bardons Roman „Frabato" fasziniert haben. Dass es aber in der okkulten Literatur noch viel mehr Informationen darüber gibt, die man aber nur findet, wenn man alles Veröffentlichte gelesen hat, dürfte dem einen oder anderen unbekannt sein. Es wurden wieder ganze Stöße von Büchern durchgesehen und das Ergebnis wird hier veröffentlicht. Es wird aber gleichzeitig darauf hingewiesen, wie viel Schundliteratur es darüber gibt, wie viel Lügen im Umlauf sind, damit sich der Schüler der Hermetik ein klares Bild machen kann. Wir bringen in diesem Buch alles, was wir an Material darüber gefunden haben, und es wird auch noch einiges aus der eigenen Erfahrung, was das Wertvollste ist, mitgeteilt. Nicht nur über den Tempel wird berichtet, sondern auch über die damit verbundene „Bruderschaft des Lichts", deren Sitz er darstellt.

*

Auf der Suche nach Meister Arion
Hohenstätten

Diese Autobiographie eines Schülers der Hermetik des Franz Bardon schildert sein magisches Leben, in welchem zahlreiche Erfahrungen zu den Übungen aus dem Adepten geschildert werden, die die Hauptperson selbst erlebt hat. Es wird der schwere Weg des Adepten aus autobiographischer Sicht gezeigt, seine vielen Tiefschläge, aber auch seine glanzvollen Seiten und Zeiten. Der harte Kampf mit dem Seelenspiegel wird bis in alle Einzelheiten aufgezeigt, genauso wie die vielen anderen Wege, in welche der Autor reinschnupperte, um dadurch reichlich Erfahrung sammeln zu können. Darüber hinaus enthält es unzählige Erfahrungen und Berichte betreffs Mantramistik nach Bardon, die wahre Runenmagie, zahlreiche Evokationen sowie Invokationen mit seinem Lehrer Anion, einen magischen Exorzismus, wie er bisher noch nie öffentlich geschildert wurde. Mentalreisen, Beeinflussungen, Übungen zur Gottverbundenheit, Erscheinungen, Alchemie, Heilungen mit den verschiedensten magischen Methoden z. B. Quabbalah oder durch die Elemente, Schutzgeistevokationen und viele andere magische „Wunder" seines Freundes und Lehrers Anion. Auch einige magische Fotos in Farbe, ein bisher von Bardon unveröffentlichtes Akashafoto von Christus und ein Bild des schwebenden Meister Arion werden in diesem Buch preisgegeben. Der Inhalt ist viel reichlicher, als hier kurz beschrieben werden kann.

*

Magisches Gleichgewicht
Hohenstätten

Dieses Buch zeigt eindeutig, dass in allen anderen Systemen das „Gleichgewicht" genauso gebraucht wird, wie bei Bardons Werken. Er war nicht der Einzige, der das erwähnte, aber er war der erste, der es deutlich erklärte, denn die anderen Systeme sprachen nur durch das Symbol, welches nicht jedem Leser verständlich war. Obendrein bringen wir noch Unveröffentlichtes vom Meister Arion zu dieser Grundlage der magischen

Entwicklung.

*

Das Leben und die Erfahrungen eines wahren Hermetikers
Seila Orienta

Diese Autobiographie eines Magiers ist unübertroffen, denn bis jetzt hat kein einziger okkult Geschulter so offen und ehrlich gesprochen wie Seila Orienta. Er gibt in diesem Werk sein Leben bekannt, sowie seine zahlreichen und äußerst interessanten Erlebnisse und Erfahrungen. Es werden auch zum ersten Mal Fotos von Wesen der Sphären gezeigt, welche Franz Bardon höchstpersönlich in den 1920ern gemacht hat. Des Weiteren schreibt Seila Orienta über die Sphären, über Dämonen, Logenkontakte und vieles, vieles mehr, was einem ehrlich strebenden Hermetiker das Herz übergehen lassen wird.

*

Das Leben des Franz Bardon
Hohenstätten

Dieses Buch beschreibt das Leben des Meisters außerhalb des Frabatos, welches seine Sekretärin – Otti V. – geschrieben hat. Es beinhaltet Erklärungen zu seiner „Biografie", weitere Einzelheiten über den Kampf mit der FOGC, seine Beziehung zu Wilhelm Quintscher und anderen Okkultisten, was alles bisher unbekannt war! Des Weiteren werden viele Erlebnisse seiner Schüler in Prag erzählt, verschiedene magische Leistungen und interessante Geschichten Bardons beschrieben, die bis dato unveröffentlicht sind. Es werden auch seine drei Lehrwerke und deren Wirkung auf die Öffentlichkeit von einem anderen, unbekannten Standpunkt geschildert, welcher durch bisher schwer zugängliche Schriften unterstützt wird. Als Krönung wird seine aus dem Tschechischen übersetzte „Runenschrift" zum ersten Mal veröffentlicht. Auch einige Seiten aus anderen unveröffentlichten Schriften von ihm sowie interessante Fotos des Meister Bardon und seiner Freunde werden hier preisgegeben und vieles, vieles mehr.

*

In Verbindung mit der Gottheit
Hohenstätten

Über das Thema der Gottverbundenheit mit all seinen Formen und

Methoden wurde bis heute noch nie ein Buch verfasst, geschweige denn eine Schrift geschrieben. Man findet in der okkulten wie in der östlichen Literatur nur spärliche Hinweise, die größtenteils verschlüsselt sind oder so geschrieben wurden, dass man sie kaum versteht. Im Gegensatz dazu wird in diesem Buch offen dargelegt, dass das 1. kleine Arkanum der 78 Tarotkarten die Gottverbundenheit in ihrer Reinform darstellt.

*

Hermetische Heilmethoden
Hohenstätten

Dieses Buch stellt in der okkulten Literatur ein absolutes Unikum dar, denn über die Gesamtheit der okkulten Heilmethoden wurde bis jetzt noch NIE etwas Sinnvolles geschrieben. Es werden alle Heilmethoden erwähnt, die der hermetische Schüler mit Hilfe seiner bisher erlangten Konzentrationsfähigkeit ausüben und verwenden kann.

*

Erste hermetische Zeitschrift

„Der hermetische Bund teilt mit" ist eine der wenigen magisch-mystischen Zeitschriften, welche sich soweit als möglich auf die universelle Lehre von Franz Bardon bezieht. Sie versucht sich an die Gesetze des 4-poligen Magneten zu halten und vermittelt Wissen sowie Hinweise für die Praxis, damit der Leser die Möglichkeit hat, sie in seinen hermetischen Weg aufzunehmen und für sich gewinnbringend zu verarbeiten.

Noch viel mehr hermetische Literatur finden Sie auf unserer Website: http://www.hermetischer-bund.com.

Viel Vergnügen beim Stöbern!

Der Verlag